특수유아의 이해

오 승 아 지음

교육아카데미

머리말

이 책을 집필하려고 맘을 먹었을 때 이 책의 자리에 대해 생각해보았다. 필자는 특수교육 전공자는 아니다. 아동심리, 아동발달, 유아교육, 아동상담, 복지, 상담치료 등을 두루 다루는 아동학 전공자이면서 석사와 박사는 장애아동 가족을 대상으로 하는 논문을 썼고, 장애아동 혹은 특수유・아동을 치료 교육한 경력을 가지고 있으면서 이제는 성인까지 상담심리치료를 하는 상담전문가이다. 그런데 현직은 유아교육과 부교수이다. 이런 필자의 배경으로 인해 이 책의 집필 의도는 첨부터 애매했다. 물론 목적은 특수교육개론이라는 교직과목의 강의용 교과서를 만드는 것이다. 그러나 차일피일 집필을 미루게 된 이유는 바로 이런 책의 성격에 대한 명확한 정리가 부족해서였다.

오랜 고민 끝에 필자는 이렇게 이 교과서의 성격을 정리했다. 예비유아교사나 보육교사를 위한 교과서이면서 유치원이나 보육현장에서 유아들이 보이는 문제행동에 대한 교육적, 상담적 이해를 높이기 위한 지식을 제공하는 것이다. 그래서 이 책은 특수교육만을 기본 배경으로 하지 않는다. 그냥 특수교육 대상자로 진단되는 영유아 및 아동과, 장애아동으로 진단되지는 않지만 누구에게나 보일 수 있는 발달상의 문제 행동을 보이는 영유아와, 아동을 대상으로 보육이나 교육을 실시하기 위한 예비교사들의 이해를 진작시키기 위한 이론과 실제들로 이루어질 것이다.

본서를 완성하면서 감사한 마음을 전하고 싶은 분들이 있습니다. 우선 10년 동안 본서가 완성되기를 묵묵히 기다려 주신 교육아카데미 대표님과 휴일도 없이 바쁜 엄마를 잘 견뎌주고 좋아하는 간식도 챙겨주던 작은 딸 수민이, 프랑스에서 공부 중에도 엄마의 건강을 챙기며 응원해주는 큰 딸 지명이 그리고 1시간이 10억의 가치를 하는 남편이지만 워드작업마저도 마다하지 않고 도와주신 남편, 그리고 제게 에너지를 나눠주는 반려견 루이에게도 사랑과 감사를 드립니다.

2016년 2월 일산에서 오승아

차 례

제1장

영유아, 아동기 발달단계와 단계별 문제

1. 발달과 발달문제

인간발달은 출생부터 사망에 이르기까지 신체적, 인지적, 사회 정서적 측면 등 전인적 측면에서 전 생에 걸쳐 연속적으로 일어나는 양적, 질적 변화 양상과 과정을 일컫는 개념이라 할 수 있다.

인간발달은 다음의 전제를 바탕으로 이루어진다.

- 인간발달은 삶의 모든 단계에서 일어난다.
- 이전 단계의 발달을 바탕으로 지속성을 가지고 현재의 경험이 결합되어 변화가 이루어진다.
- 신체, 인지, 정서, 사회적 영역의 상호작용 관계의 맥락에서 이해되고 분석되어야 한다.
- 인간 자신의 발달에 능동적으로 기여한다.

인간의 전 생에 걸쳐 진행되는 발달과정과 내용 및 특징 등은 특정 연령이나 시기에 따라 다르기 때문에, 인간의 발달을 발달단계로 나누어 설명할 수 있다. 그 발달단계나 연령 기준은 이론에 따라 다르며, 크게 태아기, 양아기 및 걸음마기, 유아기, 아동기, 청소년기, 청년기(성인초기), 장년기(성인 중기), 노년기 등의 8단계로 나눌 수 있다. 각 발달단계마다 달성해야 할 과제와 적응의 문제가 있으며, 이런 과제와 적응을 달성하지 못할 시에는 정신적 어려움을 겪기도 한다. 그러므로 인간의 발달과정에 따른 이해를 바탕으로 발달과정상의 정신적 문제와 그에 대한 대비책이 마련되어야 한다(이순민, 2014). 다음 표는 유아동기로 한정한 발달단계에 따른 발달특징과 주요 문제를 제시하고 있다.

발달단계에 따른 발달 특징과 주요 문제

발달단계	발달 특징	발달장애 및 주요 문제
태아기 (임신~ 출산)	• 신체의 구조와 기관이 형성되는 시기로 신체적 성장이 일생 중에서 가장 급속하게 일어나며, 태내 환경의 영향을 크게 받음	• 유전적 결함에 따른 장애(클라인펠터 증후군, 터너 증후군, 다운증후군, 혈우병, 거대남성 증후군, 페닐케톤뇨증 등) • 저체중
영아기 및 걸음마기 (출생~ 36개월)	• 영아기에는 체중 및 신장과 같은 신체적 성장이 급속히 이루어지며, 감각운동을 하게 됨. • 대상영속성을 습득하며, 양육자와의 애착관계를 형성하게 됨. • 걸음마기에는 신체운동이 더 정교해지며, 자아를 의식하면서 자율적이며 독립적 존재로 발달하게 됨.	• 지적장애 • 자폐 스펙트럼 장애
유아기 (3~6세)	• 학령전기로 일컬어지며, 초기 수준의 도덕발달이 이루어지고, 성역할 개념을 습득함. • 또래와의 집단놀이를 시작함.	• 의사소통 장애[언어장애, 사회적(실용적)의사소통 장애, 아동기 발병 유창성 장애(말더듬증, 수다증) 등] • 야뇨증
아동기 (6세~ 11세)	• 논리적으로 사고할 수 있는 능력이 증가하여 구체적, 조작적 사고를 할 수 있게 됨. • 또래집단과의 사회화를 습득하게 되며, 도덕성이 발달함.	• 특정학습 장애 • 주의력 결핍 과잉행동 장애 • 반응성 애착 장애 • 분리불안 장애 • 아동학대

(이순민, 2014)

2. 영유아, 아동 문제에 대한 이해

아동의 권리에 관한 협약(United Nations Convention on the Rights of the Child, UNCRC)에 따르면 아동이란 만18세 미만의 사람으로 정의하고 있다(1990). 우리가 유치원과 어린이집에서 만나는 대상들도 이 연령에 넓게 포함되므로 영유아기, 아동기 모두 포함하여 유아동이라 지칭하고 그 문제를 이해하기 위한 관점들을 정리해보았다.

- 유아동의 문제는 환경에 적응하기 위한 노력의 일부이다.
- 유아동의 문제는 주로 행동적인 형태로 나타난다－예를 들면, 우울증 지나치게 긴 수면시간, 식욕부진, 폭식, 무기력 등등
- 유아동의 문제는 발달적 변화와 관련지어 판단해야 한다－발달단계별 새로운 욕구들이 출현하게 되며 유아동은 누구나 이런 욕구들에 대처하는 방법을 모색하게 된다. 예를 들면, 거식증, 위축(욕구부정 혹은 억압), 공격성, 품행장애(자신이 아는 최대한의 방법을 동원하여 욕구관철)
- 유아동의 문제는 증상보다는 원인에 초점을 맞추어야 한다－문제의 종류나 심각성에 주의를 기울이기 보다는 왜 이런 문제를 보이는지 그 원인을 파악하고 해결하는 것에 초점을 맞춤.

3. 영유아, 아동 문제의 원인

유기체적 요인	개인 내적 요인	개인 외적 요인
• 유전인자 • 기질 • 뇌의 이상 • 신체적 특징(질병, 외모, 체력 등)	• 심리사회적 특성(자아존중감, 사회적 능력) • 인지적 특성(인지양식) • 정서적 특성(공격성, 위축, 우울)	• 사회 인구학적 변인(소득, 교육수준, 모의 취업 유무 등) • 부모의 양육행동 • 형제관계 • 또래관계 • 학교생활 적응 • 가족관계의 변화(부모의 사망, 이혼, 재혼 등)

4. 영유아, 아동 문제의 상담 및 치료, 특수교육의 필요성

당위성	이론적 배경
• 조기 학습의 중요성	• 후속학습과 발달을 위한 기초형성 • 발달의 결정적 시기 • 인간의 지능 및 기타 능력의 가소성 • 환경과 조기 경험이 학습과 발달에 미치는 영향력
• 문제 및 장애의 예방과 최소화	• 문제나 장애로 인한 이차적인 혹은 부수적인 문제 및 장애의 발생 예방 • 문제나 장애가 발달과 학습에 미치는 영향 최소화

당위성	이론적 배경
• 가족의 필요 지원	• 문제 있는 혹은 장애가 있는 자녀 이해 및 적응필요 • 상담 등 특수서비스의 필요 지원 • 적절한 양육 코칭과 교육으로 자녀의 발달 촉진, 성공적인 예후촉진 • 이후 발생 가능한 자녀들의 문제에 대한 민감도 증진
• 사회－경제적 혜택	• 문제 악화로 인한 이차장애발생이나 장애의 고착으로 인한 장애인의 시설 수용률 감소 및 고용율 증대를 통한 사회적 혜택 • 이후 추가로 발생할 수 있는 상담이나 특수서비스 비용 감소를 통한 경제적 혜택

(이소현, 2003)

5. 발달장애의 개념

발달장애(developmental disabilities) 개념을 살펴보기 전에 먼저 발달지연(developmental delay)의 개념을 먼저 살펴보고자 한다. 왜냐하면 발달지연 혹은 발달지체와 발달장애를 같은 개념으로 사용되는 경우가 많기 때문이다. 우선 발달지체보다는 발달지연이라는 용어가 더 바람직 할 것으로 생각되어 이후부터 발달지연으로 통일하여 사용하도록 하겠다. 물론 장애인 등에 대한 특수교육법에서는 발달지체로 명시하고 있지만 발달지연이 개념적으로 올바른 번역이라는 생각이다.

발달지연은 “같은 연령의 정상또래보다 낮은 수준의 기능을 나타내는 아동의 성숙지연, 발달의 비정상과 느린 속도"를 말한다(서현아 외 5인, 2015). 즉 뇌의 역기능이나 구조적 손상이 아닌 아주 늦은 발달과 관련된 신경학적 미성숙의 원인에 의해 능력에 차이가 있는 것을 말한다. 여기에 해당되는 장애유형은 정신지체, 학습장애, 주의력결핍 과잉행동 장애이다.

발달장애란 "22세 이전에 발생하고 장애가 심각하고 진해되는 장애를 가진 사람들에게 초점을 두고, 주로 정신지체 영역에서 도출된 포괄적인 것"으로 정의하고 있다. 미국 발달장애법(Developmental Disabilities Act)의 정의에 의하면 발달장애는 다음과 같은 심각한 만성적 장애이다. 첫째, 정신적 혹은 신체적 손상이나 정신적 또는 신체적 손상의 결합에 기인한다. 둘째, 22세 이전에 발생되어야 한다. 셋째, 무기한 계속될 가능성이 있다. 넷째, 다음과 같은 생활 활동 영역의 세 가지 이상에서 실질적인 기능적 제한을 가진다[자기보호, 수용언어와 표현언어, 학습, 이동능력, 자기 지향, 독립적 생활능력(자조능력), 경제적 충족성].

다섯째, 일생동안 계획되고 조정된 특별하고 간학문적이고 포괄적인 치료와 처치, 다른 서비스의 결합과 계열이 요구된다(서현아 외 5인, 2015). 여기서 언급된 발달장애는 DSM－V에서 언급된 신경발달 장애와는 같은 의미는 아니다.

6. 영유아 발달검사

다음은 0~5세 영유아용 발달선별 검사이다. 초기 아동기의 발달과 건강증진을 위해 아동 관련 전문인의 역할은 매우 중요하며, 영유아기(0~5세)에 정상 발달에서의 이탈을 선별하는 것을 아동의 발달 및 건강 증진에 매우 중요하다고 본다. 이 검사는 다수 아동에 대한 일차적 발달선별을 목적으로 활용될 수 있으며 부모-보고에 의한 검사로 부모의 발달에 대한 관심과 참여 확대로 효율적인 부모 역할 증진과 궁극적으로 아동의 발달과 건강 증진을 가져올 수 있으리라고 본다.

본 K-CDR은 발달과 행동에 관한 정보와 관련된 부모용 질문지와 5개 발달 영역의 100문항으로 이루어진 영유아 발달표로 이루어져 있다. K-CDR은 간단하지만 포괄적인 내용을 포함함으로써 영유아 보육을 담당하는 기관(예 : 어린이집, 유치원 등)이나 발달 관련 소아과에서 아동의 발달선별 검사로서 활용될 수 있을 것으로 기대된다(신희선 & 김정미, 2006).

K-CDR

0-5세 영·유아발달선별검사
기록용지

아동이름 : __________		성　　별 : ___남 ___여	
작 성 일 : ____년 __월 __일			
생년월일 : ____년 __월 __일		생활연령 : ____년 __월	
작 성 자 : __________		아동과의 관계 : ______	
주　　소 : __________		전　　화 : __________	

부모 서술형 질문 : 아동에 대한 부모님의 관찰내용은 아동발달을 이해하는데 있어서 중요한 정보가 됩니다. 아래 질문을 읽고 자세히 기술해 주십시오.

1. 아동에 대해 간단히 설명해 주세요.	4. 아동에게 특별한 문제나 장애가 있다면 무엇입니까?
2. 최근 아동의 행동에 대해 설명해 주세요.	5. 아동에 대한 걱정이나 의문점이 있다면 무엇입니까?
3. 아동의 장점은 무엇입니까?	6. 요즈음 부모로서 어떻게 하고 계십니까?

문제항목 : 아래 제시한 것은 아동에게 나타날 수 있는 문제 행동들입니다. 각 문항들을 잘 읽고 아동에게 해당되는 문항 앞에 ( ) 표시해 주십시오.

1. ( ) 건강이 좋지 않다.
2. ( ) 성장, 키, 몸무게가 표준치 이하이다.
3. ( ) 섭식문제 : 지나치게 먹거나 먹지 않는다.
4. ( ) 배변문제
5. ( ) 수면문제
6. ( ) 통증호소 : 귀, 배, 머리 등
7. ( ) 체력문제 : 지나치게 피곤해 하고 늘어진다.
8. ( ) 보는 것에 문제가 있는 것 같다.
9. ( ) 듣는 것에 문제가 있는 것 같다.
10. ( ) 주의집중을 못한다. 잘 경청하지 못한다.
11. ( ) 나이에 비해 잘 말하지 못한다.
12. ( ) 아동이 하는 말을 잘 알아듣지 못하겠다.(3세 이상 해당)
13. ( ) 잘 이해하지 못하는 것 같다. 이해력이 느리다.
14. ( ) 잘 걷거나 뛰지 못하고 넘어진다.(2세 이상)
15. ( ) 손으로 조작하는 것이 서투르다.
16. ( ) 미성숙하다. 나이에 비해 어린 행동을 보인다.
17. ( ) 의존적이고 매달리는 편이다.
18. ( ) 수동적이다. 거의 주도적이지 않다.
19. ( ) 순종하지 않는다. 공손하지 않다.
20. ( ) 떼를 쓰고 짜증을 낸다.
21. ( ) 과도하게 공격적이다.
22. ( ) 가만히 앉아있지 못한다. 과잉행동으로 보인다.
23. ( ) 지나치게 수줍어한다.
24. ( ) 자주 행복해 보이지 않는다.
25. ( ) 또래 아동들과 잘 어울리지 못한다.
26. ( ) 그 밖의 문제가 있다면?

초판인쇄/2006년 3월 27일 초판발행/2006년 4월 3일 저자/신희선, 김정미 원저자/Harold R. Ireton 발행자/김희년 발행처/도서출판 특수교육
등록/1987.12.14.(14-16호) 주소/서울시 동작구 상도1동 697번지 TEL/02)812-0348 FAX/02)814-4840

K-CDR 영 · 유아발달표

연령	5사회성	자조행동	대근육운동	소근육운동	언 어	연령
>5-0 ~ 5-0년	20. 아동들과 어울릴 때 주도적으로 참여한다.	39. 길을 건널 때 양쪽 방향을 살핀다.				>5-0 ~ 5-0년
5-0년 ~ 4-0년 (4-6)		38. 옷의 안팎이 뒤집어져 있을 때 올바로 해서 입는다. 37. 신발 끈 묶는 것을 제외하고 혼자서 옷을 입고 벗는다.	59. 혼자서 그네를 탄다. 58. 잡아주지 않아도 한 발로 여러 번 뛴다. 57. 깡총 뛰거나 넓이뛰기를 한다.	77. 눈-코-입이 있고 머리-몸통-팔-다리-손-발을 포함한 완전한 사람을 그린다. 76. 자신의 이름을 쓴다. 75. 알아볼 수 있는 그림을 그린다.	100. 3가지 간단한 지시를 순서대로 수행한다. 99. 자음을 5개 이상 안다. 98. '그리고', '또는', '그런데'를 사용하여 문장을 연결한다. 97. 안, 위, 아래, 옆, 앞, 뒤와 같은 전치사를 6개 이상 안다.	5-0년 ~ 4-0년 (4-6)
4-0년 ~ 3-0년 (3-6)	19. 어른의 지도 없이도 다른 아동들과 다툼 없이 협동적으로 놀이한다. 18. 게임할 때 필요한 간단한 게임규칙을 따른다. 17. 자신보다 어린 아이들을 돌본다.	36. 도움없이 티셔츠를 입는다. 35. 거의 흘리지 않고 숟가락을 사용하여 음식을 먹는다. 34. 단추를 하나 이상 끼운다.	56. 도움없이 한발뛰기를 한다. 55. 페달을 사용하여 세발자전거를 탄다.	74. 4개의 각이 있는 네모 모양을 혼자서 그리거나 보고 그린다. 73. 작은 가위로 종이를 자른다.	96. 두 개의 사물 중 더 긴 것과 짧은 것을 비교하여 말한다. 95. 사물에 대해 설명하거나 용도를 말한다. 94. 4가지 색깔을 정확히 구분한다.	4-0년 ~ 3-0년 (3-6)
3-0년 ~ 2-0년 (2-6)	16. 가장놀이를 하며 논다(엄마-아빠, 선생님, 우주비행사 놀이 등). 15. 다른 아동의 행동에 대해 이야기한다. 14. 다른 아동을 동정할 줄 알고 도와준다. 13. 간단한 가사 일을 돕는다.	33. 혼자서 세수를 한다. 32. 혼자서 이를 닦는다. 31. 대소변을 가린다. 30. 손을 씻고 물기를 닦는다.	54. 잡아주지 않아도 한 발로 서 있는다. 53. 한발 한발 번갈아가며 계단을 오르내린다. 52. 장난감 사다리나 미끄럼틀에 올라간다.	72. 세로선(I)을 혼자서 그리거나 보고 그린다. 71. 원을 혼자서 그리거나 보고 그린다. 70. 아동용 작은 가위를 사용한다. 69. 동화책을 한 번에 한 장씩 넘기면서 본다.	93. '몇 개야'라는 질문에 사물을 3개 이상 센다. 92. 알아들을 수 있게 말한다. 91. 2가지 지시를 이해하고 따른다. 90. 2~3개 단어로 이루어진 문장을 사용한다. 89. 10개 이상의 단어를 사용한다.	3-0년 ~ 2-0년 (2-6)
2-0년 ~ 18개월	12. '나 좀 봐'라고 말하며 자신이 하는 행동을 봐주기를 요청한다. 11. 또래 아동들과 함께 장난감을 가지고 논다(자동차, 인형, 블록 등). 10. 잘못된 것을 지적하면 교정하려 하거나 그 행동을 하지 않는다.	29. 문고리를 돌려 문을 연다. 28. 포크를 사용하여 음식을 먹는다. 27. 신발을 혼자서 신으려고 한다.	51. 혼자서 계단을 오르내린다. 50. 거의 넘어지지 않고 잘 뛴다. 49. 공을 앞으로 한다. 48. 뛴다.	68. 블록을 5개 이상 쌓는다. 67. 한 손으로 2개의 작은 장난감을 집는다.	88. 그림책을 보면서 친숙한 사물의 이름을 2개 이상 말한다. 87. 말로 먹을 것이나 마실 것을 달라고 요구한다.	2-0년 ~ 18개월
18개월 ~ 12개월	9. 하고 있는 것을 못하게 하면 때때로 '싫어'라고 말한다. 8. 다른 아동에게 뽀뽀하거나 안아준다.	26. 흘리지만 숟가락을 사용하여 혼자서 음식을 먹는다. 25. 컵으로 물을 마신다. 24. 숟가락의 손잡이를 잡는다.	47. 잡아주지 않아도 혼자 걷는다. 46. 잡아주지 않아도 혼자 서 있는다.	66. 크레용으로 낙서를 한다. 65. 블록을 2개 이상 쌓는다.	86. 간단한 지시를 따른다. 85. '엄마', '아빠' 외에 2개 이상의 단어를 말한다.	18개월 ~ 12개월
12개월 ~ 12개월	7. 사람들과 '안녕'과 같은 말이나 몸짓으로 인사한다. 6. 짝짜꿍 놀이를 한다.	23. 혼자서 과자를 먹는다.	45. 가구를 잡고 지탱하여 걸어다닌다. 44. 손과 무릎으로 기어 다닌다.	64. 엄지와 나머지 손가락을 사용하여 작은 물건을 집는다.	84. '안돼', '그만', '없다'와 같은 말을 한다. 83. '음마', '빠빠'와 같은 발성을 한다.	12개월 ~ 9개월
12개월 ~ 6개월	5. 깍궁, 빠이-빠이와 같은 사회적 놀이를 한다. 4. 혼자 남겨두면 싫어하고 운다. 3. 친근한 사람을 알아보고 다가가려 한다.	22. 장난감이 눈 앞에서 사라지면 없어진 것을 알아채고 찾는다.	43. 잡아주지 않아도 혼자 앉아 있는다.	63. 한 손에 하나씩 양손에 두 개의 사물을 동시에 잡고 있는다. 62. 장난감을 한 손에서 다른 손으로 옮겨 잡는다.	82. 다양한 발성음을 낸다(모음, 자-모음 결합소리). 81. 이름을 부르면 고개를 돌리거나 쳐다본다.	9개월 ~ 6개월
6개월 ~ 0개월	2. 엄마를 다른 사람과 구별한다. 1. 사회적 미소를 보인다.	21. 젖병이나 엄마젖가슴을 보고 반응한다.	42. 바닥에 누운 상태에서 뒤집는다. 41. 엎드린 상태에서 옆으로 뒤집는다. 40. 엎드린 상태에서 머리와 가슴을 들어 올린다.	61. 한 손으로 장난감을 잡는다. 60. 사람얼굴이나 장난감을 응시하고 팔을 뻗친다.	80. 자발적으로 사회적 발성을 한다. 79. 어른 목소리에 '아, 구'와 같은 소리로 반응한다. 78. 옹알이를 하거나 웃음소리를 낸다.	6개월 ~ 0개월

7. 특수교육 대상자인 영유아의 발견

특수교육 대상 학생을 장애영역별로 구분하여 연도별로 살펴보면 정신지체학생이 1999년도 26,928명에서 2009년도 40,601명으로 13,673명이 증가하여 가장 높은 증가율을 보였으며, 학습장애는 오히려 감소하였다. 그리고 2005년도에 건강장애, 2006년도에 의사소통 장애, 2009년도에 자폐성 장애와 발달지체를 새로 포함시켰다. 2009년 특수교육대상 학생 수를 장애영역별로 보면, 정신지체가 40,601명(54.0%)로 가장 많고, 그 다음으로 지체장애 9,659명(12.8%), 학습장애 6,526명(8.7%), 자폐성장애(6.2%) 순으로 많았다.

국가에서는 2007년 「장애인 등에 대한 특수교육법」을 제정하여 장애영아를 위한 무상의 공교육을 실현하였다. 또, 장애영아를 위한 적절한 서비스를 제공하기 위해 2008년 제3차 특수교육 발전 5개년 계획에 처음으로 영아 부분을 포함시켜 장애영아 교육의 양적·질적 발전을 도모하고 있다. 특히 2008년 총 85명의 장애영아가 무상교육을 제공받았으며, 2009년에는 총 317명의 장애영아가 무상교육을 제공받았다. 또, 특수교육 대상 유아의 유치원 재원 현황을 보면 2003년도에 1,932명이었던 것이 2009년도에 3,591명으로 증가하였다.

2008년 4월 기준으로 유아 특수교육기관은 279개교에 494학급이 설치되어 운영되어 2003 년의 통계와 비교할 때 총 73학급이 증설되었다. 또한, 2008년 4월 기준 유아 특수교육을 받고 있는 특수교육 대상자는 총 3,482명으로 2003년도 보다 1,199명이 증가하였다.

정부는 2010년에 만 5세 이상 유치원 과정, 2011년에는 만 4세 이상 유치원 과정, 그리 고 2012년에는 만 3세 이상 유치원 과정에 대해 연차적 의무교육 실시를 수행해 나가고 있다. 또한 일정한 교육여건을 갖춘 보육시설을 이용하는 경우에는 유치원 의무교육을 받고 있는 것으로 간주하여 부모님의 교육기관 선택 범위를 확대하고 있다(특수교육백서, 2011).

특수교육법 제 14조에서는 영유아의 장애 및 장애 가능성을 조기에 발견하기 위해 교육장 또는 교육감이 지역 주민과 관련 기관을 대상으로 홍보를 실시하고 해당 지역 내 보건소와 병원 또는 의원에서 선별검사를 무상으로 실시하도록 규정하고 있다(제1항). 이 과정에서 장애를 가지고 있거나 장애를 가지고 있다고 의심되는 영유아 및 학생이 발견되었을 경우, 보호자나 각급 학교의 장은 교육장 또는 교육감에게 해당 아동에 대한 진단, 평가를 의뢰하여야 한다. 다만 각급 학교의 장이 진단, 평가를 의뢰한 경우에는 보호자의 사전 동의를 받아야 한다(제3항). 그리고 난후 교육장 또는 교육감은 즉시 특수교육지원센터에 아동을 회부하여 진단, 평가를 실시하고 그 진단, 평가의 결과를 해당 영유아 및 학생의 보호자에게 통보하여야 한다(제4항). 그러나 장애에 대한 조기 발견과 조기 진단을 위하여 교육장 또는 교육감은 관할 구역의 어린이집, 유치원 및 학교의 영유아 또는 학생을 대상으로 수시로 선별검사를 실시하여야 한다. 이때 장애가 의심되는 영유아 등을 발견한 경우에는 병원 또는 의원에서 영유아 등에 대한 장애 진단을 받도록 보호자에게 안내하고 상담하여야 한다. 선별검사를 받은 영유아 등의 보호자가 자녀가 특수교육 대상자로 선정받기를 요청할 경우, 교육장이나 교육감은 영유아 등의 보호자에게 영유아 등의 건강검진 결과통보서 또는 진단서를 제출하도록 하여 영유아 들이 특수교육 대상자에 해당하는지 여부를 판단하게 위한 진단, 평가를 하여야 한다. 그 결과 영유아 등에게 특수교육이 필요하다고 판단되면 보호자에게 그 내용과 특수교육 대상자 선정에 필요한 절차를 문서로 알려야 한다(동법 시행령 제9조)(고은 외 5인, 2015).

8. 이상행동과 정신장애의 판별기준

심리적 문제란 개인의 심리적 상태 중에서 해결해야 할 문제라고 생각하는 심리적 상태를 지칭하는 용어, 부적응 행동이란 개인과 환경의 원활한 상호작용이라고 보는 관점에서 특히 환경적 요구에 적절히 대응하지 못하여 여러 가지 문제를 일으키는 개인의 행동을 지칭하는 용어, 즉 개인의 적응을 저해하는 심리적 기능의 손상, 개인의 인지적, 정서적, 행동적, 신체 생리적 기능이 저하되거나 손상되어 원활한 적응에 지장을 초래할 때, 예를 들면, 주의집중, 기억력의 저하, 과도한 불안과 우울, 무책임하거나 폭력적인 행동, 식욕과 성욕의 감퇴, 일생생활+사회적 직업적 생활에서 역기능, 개인의 적응을 저해하는 등을 말한다. 이상 행동(abnormal behavior)이란 개인에게 부적응을 초래하는 외현적 행동뿐만 아니라 정서, 인지, 동기, 신체 및 생리적 특성 등 객관적으로 관찰, 측정할 수 있는 심리적 속성을 모두 포함하는 광의의 개념이다. 정신장애(mental disorder)는 이러한 특정 이상 행동의 집합체를 의미 한다(권석만, 2003).

이상 행동과 정신장애 여부를 판별하고 분류하는 기준에 대해 학자마다 다양한 주장을 제기했으며, 이에 대해 통일된 정의나 기준을 제시하기란 불가능하다. 다만, 일반적으로 정상 행동과 이상 행동을 판별하는 기준은 크게 다음과 같다.

- 일상생활 적응을 방해하는 심리적, 사회적 또는 기타 영역에서의 기능 저하
- 개인이 경험하는 주관적인 불편감과 고통
- 통계적 규준

▪ 사회 문화적 기준

① 일상생활 부적응과 심리－사회적 기능 저하

인간은 환경과의 상호작용을 통해 삶에 적응해 나가는데, 환경적 여건에 자신을 맞춰 순응하기도 하며 자신의 요구나 목표를 위해 환경을 변화시켜 나가는 등 순응(accommodation)과 동화(assimilation)의 상호작용이 이루어진다. 이러한 적응의 관점에서 볼 때 개인의 인지적, 정서적, 행동적, 신체적, 감각적, 생리적 상태나 특성으로 인해 직업 활동, 대인 관계, 여타 일상생활 적응에 지장이 초래될 경우 이상 행동으로 볼 수 있다. 예를 들어, 실연을 당한 후 의기소침해지고 울적한 기분을 경험하면서 만사가 귀찮고 짜증스럽다면 이를 이상 행동으로 볼 수 있을까? 만약 이러한 상태가 생활에 별다른 지장을 초래하지 않는다면 실연 후의 자연스러운 감정 반응으로 볼 수 있지만, 이러한 상태에서 출근이나 등교를 하지 않아 문제가 발생한다든지 다른 대인 관계가 단절 또는 악화된다면 개입이 필요한 이상 행동으로 볼 수 있다.

가장 보편적으로 사용돼 온 정신 장애 진단 및 통계 편람－4판－TR(이하 DSM－IV－TR; American Psychiatric Association, 2000)은 물론이고 최근 출간된 DSM－V(American Psychiatric Association, 2013)에서는 정신 장애 진단 기준을 "사회적, 직업적 기능 또는 다른 기능 영역에서 현저한 손상이 나타나는 경우"로 명시했다. 다만, 어느 정도의 기능 저하를 "현저한 손상"으로 볼 것인지 명확하게 정의하고 판별하기는 어려우며, 현재 보이는 증상이 이와 같은 기능 저하의 직접적인 원인인지 인과 관계를 규명하기도 쉽지 않은 일이다.

예를 들어, 현재 주의 집중이 잘 되지 않고 산만해서 업무에 실수가 많다고 호소하는 사람은 실제로 주의 집중력 저하가 직업 적응의 문제가 될 수도 있지만, 우울이나 불안과 같은 정서적 불안정성에 수반해 주의 집중의 어려움이 나타났을 수도 있으며, 동기 저하로 현재 업무에 주의와 관심을 덜 기울이는 문제일 수도 있다. 따라서, '현저한 기능 저하'에 대한 판단은 체계적이고 전문적인 교육과 훈련을 받은 임상가에 의해 이루어져야 한다(권석만, 2014).

② 주관적인 불편감과 고통

정신건강에 대한 상담이나 치료를 원하는 사람들 중에는 현재 호소하는 문제가 일상생활에 현저한 부적응을 초래하지는 않지만 그러한 문제로 인해 주관적인 불편감과 고통감이 심해 전문적인 도움을 구하는 경우도 흔하다. 예를 들어 실수나 실패에 대한 두려움, 불안 수준이 높은 사람들 중에는 예상치 못한 부정적 결과를 미연에 방지하고자 매우 신중하고 꼼꼼하며 완벽하게 일 처리를 하여 오히려 업무 능력이 탁월하다는 평가를 받으며 대인관계나 직업적으로 무난하게 적응하는 경우도 있다. 하지만 이렇듯 완벽한 결과물을 만들어 내느라 그 자신은 상당한 심리적 압박감과 스트레스를 경험할 수 있다. 심리 내적으로는 우울, 분노 등의 감정으로 매우 고통스럽지만, 이를 견디며 일상생활을 유지해 나가 주위 사람들은 잘 알아차리지 못하는 경우도 있다.

이와 같은 기준 역시 몇 가지 문제점을 포함하고 있다. 먼저, 개인마다 스트레스에 대한 내성이나 표현의 정도에 차이가 있어 어떤 사람은 사소한 문제에도 지나치게 고통스러워하며 어려움을 호소하지만, 또 어떤 사람은 매우 고통스러운 상황에도 의연하게 반응한다. 또한 개인이 경험하는 고통감, 불편감을 모두 비정상으로 간주할 수는 없는데, 예를 들어 실연, 사별과 같은 상황에서는 이러한 감정을 경험하는 것이 매우 자연스러운 반응이다. 다만, 상황에 비해 경험하는 고통의 정도가 지나칠 때 문제가 되는데, 그 적절성을 객관적으로 판단하기가 쉬운 일은 아니다.

뿐만 아니라 어떤 경우에는 심각한 부적응 또는 문제 행동임에도 불구하고 그 자신은 이에 대한 인식이 부족하며 별다른 고통을 경험하지 않는다. 예를 들어, 사이코패스는 아무 거리낌 없이 매우 잔인한 행동을 보여 자신이 매우 유명하고 전지전능하다는 과대망상 하에 문제를 일으켜 주위 사람들을 고통스럽게 하면서도 스스로는 매우 의기양양하고 만족스러워 한다.

하지만 자신의 상태를 어느 정도 인식하는 능력이 유지된다면, 정신장애의 상태에서는 대부분 주관적인 고통과 불편감을 경험하고 이를 해결하고자 전문적인 도움을 구하기 마련이므로 이 역시 정신장애 판별에 중요한 기준이 된다. 이러한 점에서 DSM－IV나 DSM－5에서는 정신장애를 판별하는 기준에 "사회적, 직업적 기능 영역의 현저한 손상" 외에도 개인이 경험하는 "심한 불편감과 고통감"을 포함시킨다.

③ 통계적 규준

인간의 대부분의 특성은 평균값 근처에 대다수가 위치하며 평균으로부터 벗어날수록 점차 그 수가 감소하는 양상의 정상 분포를 보인다. 키, 몸무게와 같은 신체 특성은 물론이고 지능, 기억력, 학습 능력 같은 인지 기능이라든지 일상적 행동의 빈도 등도 대체로 정상 분포를 띤다. 이렇듯 통계적으로 평균에서 많이 벗어날수록 비정상으로 판단하기도 하는데, 대개는 정상 분포의 평균 수치에서 1표준편차 이내일 때는 정상 범위, 1표준편차 이상에서 2표준편차 미만으로 벗어나 있을 때는 '유의미한 차이', 2표준편차 이상 벗어나 있을 때는 '비정상'으로 간주한다.

이러한 통계적 기준을 적용하는 대표적인 정신장애가 지적장애, 치매와 같은 인지 기능 관련 장애이다. 일례로, 대부분의 지능검사에서 지능지수(IQ)는 평균 100점, 표준 편차 15점으로 표준화된 수치이다. 즉, IQ가 100이라 함은 해당 연령 규준의 평균에 해당함을 나타낸다. 이러한 평균 IQ에서 2표준편차 이하의 점수인 IQ 70 이하를 지적 장애의 기준으로 삼는다(보건복지부, 2013).

하지만 이러한 통계적 기준을 근거로 정신장애 또는 이상 행동을 적용했을 때 문제가 되는 경우도 있는데 평균보다 우월한 경우가 이에 해당한다. 예를 들어, 소위 영재라 불리는 IQ 150 이상의 사람들은 평균 IQ보다 3 표준편차 이상 높은데, 이런 경우 '현저히 비정상적인 지능'으로 봐야 하지 않을까? 또한 인간의 모든 심리적 속성을 수량화해 객관적으로 측정하고 통계적 데이터를 확보한다는 것도 불가능하다.

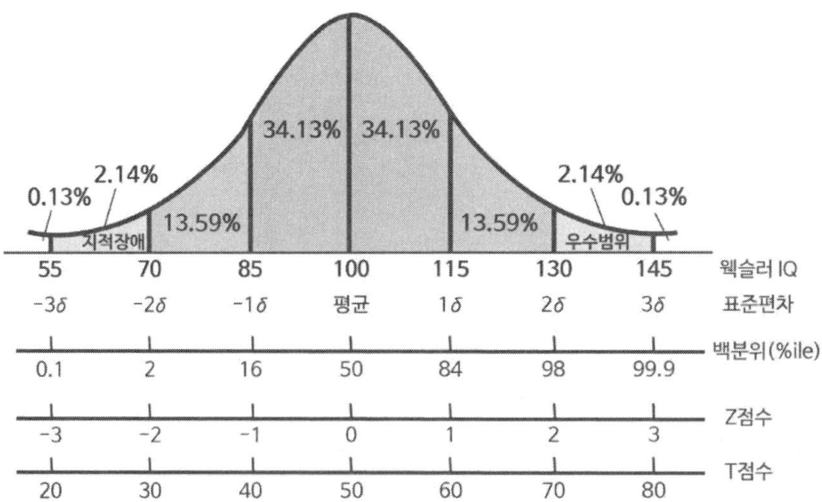

예를 들면, 장님나라에 정상인 한 사람은 이상으로 간주된다. 즉 정상분포에서 상위 5%, 하위 5%는 이상으로 간주되는 것처럼 양적으로 소수에 해당할 때, 이상으로 간주되는 것이다.

④ 사회적, 문화적 기준

학교나 직장 생활, 가족 관계, 교우 관계, 이성 관계 등 대부분의 인간 사회에는 개인의 사회적 역할에 따라 지켜야 할 행동 규범이 있으며, 이는 대부분 그 사회적, 문화적 특성에 근거한다. 사회적 관습, 도덕규범, 예절 등이 이에 속하며 이는 법이나 그 집단의 행동 규칙으로 자리 잡아 강제적인 구속력을 갖기도 한다. 예를 들어, 학생들이 거리에서 담배를 피운다든지 모르는 사람에게 무턱대고 욕설을 하는 것은 우리 사회의 규범에서 벗어난 행동이다. 이러한 사회적, 문화적 규범에서 벗어난 행동은 갈등이나 부적응, 개인적인 고통을 초래하며 문제 행동, 이상 행동으로 간주되기도 한다.

하지만 이러한 사회적, 문화적 기준으로 이상 행동, 정신장애를 판단하는 것에는 한계가 있다. 우선, 문화 규범은 그 시대적 특성, 또는 그 사회의 양식에 따라 다르며 변한다. 예컨대 한국에서는 연장자에게 존댓말을 사용하는 것이 보편적인 행동 양식이지만 서양 문화에서는 그렇지 않다. 또한, 과거에는 남녀차별이 당연시되던 시절이 있었으나 대부분의 현대 사회에서는 이를 바람직하지 못한 태도로 여긴다. 그 사회의 문화 규범 자체가 바람직하지 못한 경우도 있으며, 특히 사회의 강자, 기득권자들의 권력과 이익을 유지하는 수단으로서 문화 규범이 존재하는 경우도 많다. 미국의 노예 해방 운동이라든지 우리나라의 민주화운동처럼 당시 사회의 잘못된 법, 규범 등을 비판하고 저항하는 행동을 이상 행동으로 보기는 어려울

것이다

* 네이버 지식백과 : 이상 심리학 [abnormal psychology] (심리학용어사전, 2014. 4., 한국심리학회)

조선시대에 허난설헌은 현대에는 일반적인 여성상으로 간주되는 것처럼 시대와 사회문화적 기준에 변화에 따라 소속된 집단의 기준에 따라 정상이 이상으로 이상이 정상으로 판단될 수 있다.

9. 문제 행동 분석 및 교정

다음은 문제 행동을 다루기 위한 기본 원리이다

행동 문제를 다루기 위해서 교사가 알아야 할 기본적인 원리는 다음과 같다.

- 행동은 학습될 수 있다.
- 문제 행동이 발생할 경우 행동의 선행사건과 후속결과를 함께 고려해야 한다.
- 주의 깊은 교실 환경구성을 통해서 문제 행동을 감소시킬 수 있다.
- 강화를 제공함으로써 행동 발생을 증가시킬 수 있다.
- 강화 제거 및 혐오적 자극에 의해서 행동 발생을 감소시킬 수 있다.
- 행동의 후속결과를 선정할 때에는 아동에게 의미 있는 것으로 선택해야 한다(이소현, 박은혜, 2001).

문제 행동 교정을 위한 자료수집 및 분석은 다음과 같다.

(1) 문제 행동 식별 및 정의

관찰 대상이 되는 행동, 즉 목표 행동을 선정하고 가능한 한 상세히 행동을 정의해야 한다. 예를 들면 “영희는 산만하다”나 “철수는 다른 친구들을 때린다”와 같은 표현은 행동이 상세히 정의되지 않은 경우이다. 상세히 정의되려면 “영희는 이야기 나누기 시간에 한번이상 자리에서 일어난다”로 “철수는 유치원 자유놀이 시간에 다른 친구들의 몸을 한번이상 주먹으로 때린다”는 식의 표현으로 바꾸어야 상세히 정의한 것이 된다.

(2) 측정 방법의 선정

관찰할 행동을 식별하고 상세히 정의한 후에는 그 행동을 실제로 관찰하고 측정할 방법을 선정해야 한다(이소현, 박은혜, 2001). 측정 방법은 행동의 유형에 따라서 달라지게 되는데 예를 들면, 단어 받아쓰기 같은 경우는 단어 받아쓰기 시험지 자체가 기록으로 남게 되지만 친구들을 때리거나 자릴 이탈하거나 하는 경우는 발생 당시에 측정되어야 하는 행동이다. 이럴 경우는 동영상 촬영으로 남긴 후 필요할 때 마다 사용할 수 있다. 구체적인 방법은 다음과 같다.

① 표본식 기록법

행동의 일화를 가장 자세하고 완전하게 기록하는 방법이다. 즉 관찰자가 참여대상이나 장면을 미리 정해놓고 그 장면에서 일어나는 영유아의 행동이나 사건 내용을 기록하고 그것이 일어나게 된 환경적 배경을 상세하게 이야기 식으로 서술하는 것을 말한다.

② 일화기록법

관찰자가 영유아의 특정 행동에 초점을 맞추어 그 행동이 나타날 때마다 이를 상세하게 관찰, 기록하는 것이며 시간의 흐름에 따라 반복적으로 기록 할 수 있다.

③ 행동목록법

행동목록법은 관찰할 행동의 목록을 미리 만들어 놓고 특정 행동의 유무를 표시하는 기록방법이다.

유아의 발달과 관련된 행동목록 또는 활동 참여 목록, 환경구성 관찰목록 등을 교사가 작성하거나 이미 개발된 체크리스트를 이용하여 '예/아니오'로 표시한다.

④ 평정척도법

평정척도법은 관찰된 행동의 유무 뿐 아니라 특정 행동의 질적인 특성이나 출현빈도의 정도를 가장 낮은 수준에서 가장 높은 수준의 연속성이 있는 단계로 평정하는 것이다.

평정척도는 연속성이 있는 어떤 행동의 차원 또는 영역에 대해서 영유아의 행동을 관찰한 후 일정한 위치에 평정하도록, 즉 수량화된 점수를 부과하도록 작성된다.

⑤ 시간표집법

시간표집법은 시간을 표집해서 관찰하는 방법으로 관찰하고자 하는 특정 행동이 정해진 짧은 시간 내에 얼마나 자주 일어나는지의 행동 출현

빈도를 수집하는 방법이다.

⑥ 사건표집법

사건표집법은 단순히 어떤 행동의 발생 유무만을 관찰하기보다 행동이나 사건이 발생하기를 기다렸다가 관심을 가진 행동이나 사건이 일어나면 일정한 형식에 따라 행동의 순서를 자세하게 기술하는 것으로 관찰 대상을 표집 하는 방법 중에서 관찰 시간이 아닌 관찰 장면이나 사건을 추출하는 방법이다.

따라서 관찰자가 관찰대상 영유아의 특정 행동이 나타날 때까지 기다렸다가 발생 유무에 따라 기록함으로써 언제 꼭 관찰해야 한다는 시간적 제약이 나타난다(경동대학교 2급 보육교사 보수교육, 2015).

생각해 보기

❶ 유치원이나 어린이집에서 흔히 만나게 되는 문제 유아나 장애유아는 어떠한가?

상담 및 지도 연습

호소문제 저는 경기도 K도시에 유치원 교사입니다. 저희 반에 한 친구가 있는데 제가 보기엔 발달도 늦고 집중도 잘 못하고 도움이 필요한 것 같은데 부모님에게 어떻게 이야기를 해야 할지 모르겠습니다.

목표행동

대처법

제2장

우울증

사례

아이는 언제부턴가 예전 같지 않아졌다. 누군가 이름을 불러도 딴생각을 하느라 대답을 못 하고, 괜한 신경질을 부리고, 자꾸 아파서 병원에 데려가지만 의사는 별문제가 없다고 한다. 잘 알아서 하던 공부를 게을리 해서 야단맞는 일도 늘었다. 학년이 바뀌어 예전의 아이의 모습을 모르시는 선생님께서는 아이가 집중을 못 하고 친구도 잘못 사귄다고 하신다. 엄마는 뭐가 문제냐고 물어보지만 아이는 왜 그런지 잘 모르겠단다.

1. 정의

흔히 감기처럼 우울은 쉽게 누구나 걸리고 자주 걸리며 평생 면역도 안 되는 증상이다. 흔히 우울증은 슬픔, 좌절, 불행, 죄책, 공허, 고독, 무가치, 허무감 등의 정서적인 증상과 부정적이고 비관적인 생각, 자기 비하적인 생각, 주의 집중 곤란, 판단의 어려움 등의 인지적 증상을 보이게 된다. 또한 행동적인 증상과 신체 생리적인 증상이 동반된다.

슬픔, 공허함, 또는 짜증나는 기분이 존재하며, 개인의 기능 역량에 중대한 영향을 미치는 신체적, 인지적 변화를 동반한다. 기간, 시기 또는 추정하는 병의 원인에 따라 우울장애를 구분할 수 있다. 우울장애에는 12세까지의 아동에게 진단될 수 있는 파괴적 기분조절 곤란 장애가 DSM－V에서 새로 추가되었으며 지속적인 화남과 극도의 행동조절 곤란이 빈번한 삽화로 보이는 경우에 해당된다. 이 장애를 가진 아동은 청소년기나 성인기가 되면서 양극성 장애보다는 단극성 우울장애나 불안장애의 증상을 나타낸다(이순민, 2014).

2. 특징

파괴적 기분조절 곤란 장애는 만성적이며 심각한 지속적인 과민성을 특징으로 한다. 이 심각한 과민성은 임상적으로 빈번한 분노폭발 사이에 존재하는 만성적이고 지속적인 짜증이나 화로 나타난다. 첫째, 분노폭발은 보통 좌절감에 대한 반응으로 나타나며, 언어적 분노이건 소유물, 자신 또는 다른 사람에 대한 공격의 형태로 나타나는 행동적 분노일 수 있다. 이런 분노폭발들은 발달적으로 부적절해야 하며, 학교나 집에서와 같이 적어도 두 가지 상황에서 적어도 1년 동안 1주일에 3회 이상 자주 나타나야 한다. 둘째, 짜증을 내거나 화난 기분은 하루의 대부분, 거의 매일 존재하며, 다른 사람도 알아챌 수 있는 아동의 특징이어야 한다(American Psychiatric Association, 2013, 재인용).

짜증, 반항 잦은 아이는 우울증을 의심해야 한다.

아이들은 감정을 정확하게 표현하는 능력을 갖추지 못했다. 그런 능력은 대체로 청소년기를 지나며 얻게 되는 것이다. 이들은 우울한 기분을 모호한 신체적 이상의 호소, 괜한 짜증, 유난히 겁을 많이 내기 같은 증상들로 표현하여 부모를 어리둥절하게 만든다. 심한 우울증을 앓고 있는 아이들도 어른처럼 우울하고 슬퍼 보이기보다는, 산만하고 게으르며 화를 많이 내는 아이로 변한 것처럼 보일 수 있다.

아이가 우울하다는 것을 알아챌 수 있는 신호들로는 예전에 즐기던 일에 대한 흥미를 잃거나, 쉽게 지치거나, 수면과 식욕이 달라지거나, 집중을 못하거나, 반항적으로 되거나, 나이에 어울리지 않는 절망적인 혹은 죽음에 대해 생각하는 것들을 들 수 있다. 또한 변화무쌍한 감정을 보일 수도 있다.

아동기 우울증의 원인은 유전적 영향도 크지만, 서로 싸우거나 헐뜯는 부모, 엄격한 규율, 냉담한 부모, 우울증을 앓는 어머니 등이 가장 흔하다.

위의 에피소드에 등장하는 아이의 어머니도 치료는 받지 않았지만 시댁과의 갈등 때문에 심한 우울증을 앓았다. 아이에겐 관심이 필요했다.

자신의 삶에 집중하고 있는 부모에게 "저 여기 있어요, 저 좀 봐 주세요!"라고 외치듯 아이는 부모가 원하는 행동을 미리 척척 알아서 했다. 부모에게 인정받고 싶었던 것이다. 하지만 부모는 오히려 그런 아이의 성실한 태도를 당연한 것으로 여겼고, 아이는 점점 지쳐갔다. 성공적인 맞벌이 부부의 아이에게 흔히 있는 일이었다.

출처 : 2004. 5. 9 동아일보 김창기 소아신경정신과 전문의·의사(황성원 외 4인, 2010)

3. 진단

DSM－V의 파괴적 기분조절 곤란 장애 진단기준

A. 상황이나 화를 내는 이유에 비해 강도나 기간이 극도로 지나친, 언어적(예시 : 언어적 분노) 그리고/또는 행동적(예시 : 사람이나 소유물을 향한 신체적 공격)으로 나타나는 극심하고 반복되는 분노폭발들

B. 분노폭발들은 발달적 수준에 부합되지 않음

C. 분노폭발들은 평균적으로 일주일에 3회 이상 발생함

D. 분노폭발들 사이의 기분은 하루의 대부분, 거의 매일 지속적으로 짜증이 나거나 화가 나고, 다른 사람들(부모, 교사, 또래)에 의해 관찰될 수 있음

E. 기준 A～D는 12개월 이상으로 존재함. 그 기간 동안 개인은 기준 A～D의 모든 증상 없이 연속 3개월 이상 지속된 기간이 없음

F. 기준 A와 D는 세 가지 환경(예시 : 집에서, 학교에서, 또래와) 중에서 적어도 두 가지에서 존재하며, 이 중에서 적어도 한 가지에서 심각함

G. 6세 이전이나 18세 이후 첫 번째 경우에는 진단이 내려지지 않음

H. 병력이나 관찰에 따르면, 기준 A～E의 발병 연령은 10세 이전임

I. 기간만 빼고, 조증이나 경조성 삽화의 모든 증상 기준에 부합된 하루 이상 지속된 별개의 기간이 있은 적이 없음

주 : 매우 긍정적인 사건이나 이를 예측하는 상황에서 발생되는 것과 같은, 발달적으로 적절한 기분 향상은 조증이나 경조증의 증상으로 간주해서는 안됨

J. 행동들은 주요 우울장애의 삽화 중에만 오로지 발생하지 않으며, 다른 정신장애(예시 : 자폐 스펙트럼 장애, 외상 후 스트레스 장애, 분리불안 장애, 지속적 우울장애(기분부전증))에 의해 더 잘 설명되지 않음

주 : 이 진단은 비록 주요 우울장애, 주의력결핍 과잉행동 장애, 품행장애, 물질 사용장애를 포함한 장애들과는 공존할 수 있지만, 반항장애, 간헐성 폭발 장애, 양극성 장애와는 공존할 수 없음. 증상들이 파괴적 기분조절 곤란 장애와 반항장애 기준 둘 다에 부합하는 개인에게는 파괴적 기분 조절곤란 장애만 진단되어야 함. 만약 개인이 조증이나 경조증 삽화를 경험한 적이 있다면, 파괴적 기분조절 곤란 장애는 진단되어서는 안 됨

K. 증상들은 물질 또는 다른 의학적 상태나 신경학적 상태의 생리적 영향에 기인하지 않음

(이순민, 2014)

4. 검사

다음은 아동용 우울증 척도이다. 점수가 높을수록 우울한 것으로 해석하며 진단용은 아니다.

CHILDREN DEPRESSION INDEX(CDI)

본 질문지는 자기 자신을 어떻게 생각하고 있는지에 대한 것입니다.
아래 문항들에서 평소에 자기 자신의 생각이나 느낌이 가장 가깝다고 생각되는 곳에 '0'표를 합니다.

1	( )	나는 가끔 슬프다.
	( )	나는 자주 슬프다.
	( )	나는 항상 슬프다.
2*	( )	나에게는 제대로 되어 가는 일이란 없다.
	( )	나는 일이 제대로 되어 갈지 확신할 수 없다.
	( )	나에게는 모든 일이 제대로 되어갈 것이다.
3	( )	나는 대체로 무슨 일이든지 웬만큼 한다.
	( )	나는 잘 못하는 일이 많다.
	( )	나는 모든 일을 잘 못한다.
4	( )	나에게는 재미있는 일들이 많다.
	( )	나에게는 재미있는 일들이 어느 정도 있다.
	( )	나에게는 재미있는 일들이 전혀 없다.

5*	( )	나는 항상 나쁜 행동을 한다.
	( )	나는 자주 나쁜 행동을 한다.
	( )	나는 가끔 나쁜 행동을 한다.
6	( )	나는 가끔씩 나에게 나쁜 일이 생길지도 모른다는 생각이 든다.
	( )	나에게 나쁜 일이 생길까봐 걱정이 된다.
	( )	나에게 꼭 나쁜 일이 생길 것만 같다.
7*	( )	나는 나 자신을 미워한다.
	( )	나는 나 자신을 좋아하지 않는다.
	( )	나는 나 자신을 좋아한다.
8*	( )	나에게 일어난 모든 나쁜 일들은 다 내 잘못이다.
	( )	나에게 일어난 나쁜 일의 대부분은 내 잘못이다.
	( )	나에게 일어난 나쁜 일들은 보통 내 잘못 때문이 아니다.
9	( )	나는 나를 해치고 싶다는 생각은 하지 않는다.
	( )	나는 나를 해치고 싶다고 생각하기도 하지만 그렇지 않을 것이다.
	( )	나는 나를 해치고 싶다.
10*	( )	나는 매일 울고 싶은 기분이다.
	( )	나는 매일은 아니지만 자주 울고 싶은 기분이 든다.
	( )	나는 가끔 울고 싶은 기분이 든다.
11*	( )	여러 가지 일들이 항상 나를 귀찮게 한다.
	( )	여러 가지 일들이 자주 나를 귀찮게 한다.
	( )	여러 가지 일들이 가끔 나를 귀찮게 한다.
12	( )	나는 사람들과 함께 있는 것이 좋다.
	( )	나는 사람들과 함께 있고 싶지 않을 때가 많다.
	( )	나는 사람들과 함께 있는 것이 싫다.
13*	( )	나는 어떤 일에 대한 결정을 쉽게 내릴 수가 없다.
	( )	나는 어떤 일에 대한 결정을 내리기가 어렵다.
	( )	나는 쉽게 결정을 내린다.
14	( )	내 외모는 괜찮은 편이다.
	( )	내 외모 중에는 못 생긴 부분이 약간 있다.
	( )	나는 못 생겼다.

15*	(　　)	나는 학교 공부를 하는 것이 늘 힘들다.
	(　　)	나는 학교 공부를 하는 것이 대체로 힘들다.
	(　　)	나는 학교 공부를 하는 것이 그리 힘들지 않다.
16*	(　　)	나는 매일 밤 잠들기가 어렵다.
	(　　)	나는 잠들기 어려운 밤이 많다.
	(　　)	나는 잠을 잘 잔다.
17	(　　)	나는 가끔 피곤하다.
	(　　)	나는 자주 피곤하다.
	(　　)	나는 늘 피곤하다.
18*	(　　)	나는 밥맛이 없을 때가 대부분이다.
	(　　)	나는 밥맛이 없을 때가 많다.
	(　　)	나는 밥맛이 좋다.
19	(　　)	나는 몸이 아플까봐 걱정하지는 않는다.
	(　　)	나는 몸이 아플까봐 걱정할 때가 많다.
	(　　)	나는 몸이 아플까봐 항상 걱정한다.
20	(　　)	나는 외롭다고 느끼지는 않는다.
	(　　)	나는 자주 외롭다고 느낀다.
	(　　)	나는 항상 외롭다고 느낀다.
21*	(　　)	나는 학교생활이 재미있었던 적이 없다.
	(　　)	나는 학교생활이 가끔씩 재미있다.
	(　　)	나는 학교생활이 늘 재미있다.
22	(　　)	나에게는 친구들이 많다.
	(　　)	나는 친구들이 조금이지만, 더 많이 있었으면 좋겠다.
	(　　)	나에게는 친구가 전혀 없다.
23	(　　)	나의 학교 성적은 괜찮다.
	(　　)	나의 학교 성적은 예전처럼 좋지는 않다.
	(　　)	내가 전에는 잘 했던 과목 성적이 떨어졌다.
24*	(　　)	나는 절대로 다른 아이들처럼 착하지 않다.
	(　　)	나는 마음만 먹으면 다른 아이들처럼 착할 수가 있다.
	(　　)	나는 다른 아이들처럼 착하다.

25*	( )	나를 진심으로 좋아하는 사람은 아무도 없다.
	( )	나를 진심으로 좋아하는 사람이 있을지 확실하지 않다.
	( )	분명히 나를 진심으로 좋아하는 사람이 있다.
26	( )	나는 나에게 시킨 일은 대체로 한다.
	( )	나는 나에게 시킨 일은 대체로 하지 않는다.
	( )	나는 나에게 시킨 일은 절대로 하지 않는다.
27	( )	나는 사람들과 사이좋게 잘 지낸다.
	( )	나는 사람들과 자주 싸운다.
	( )	나는 사람들과 항상 싸운다.

(고려대학교의과대학병원, 2010)

5. 대처

우울한 아동에 대해 먼저 부모가 아이를 이해하려는 자세가 필요했다. 당연히 지나친 강요나 기대보다는 아이의 생각과 고민들을 있는 그대로 들어주려는 노력이 필요했다. 부모가 하루에 30분씩만 아이와 함께 기쁜 마음으로 놀아주고, 아이에게 항우울제를 복용시키는 것만으로 아이는 우울증에서 벗어났다. 관심과 칭찬과 항우울제는 모두 같은 방식으로 뇌 회로를 강화시켜 아이의 자신감을 회복시켜준다. 우울증은 진단만 되면 쉽게 치료될 수 있다. 애써 외면해 성격적인 문제로 발전되는 것을 막아야 할 것이다(출처 : 2004. 5. 9 동아일보 김창기 소아신경정신과 전문의 · 의사; 황성원 외 4인, 2010).

생각해 보기

❶ 우리는 우울한 유아는 어떻게 알아챌 수 있나요?
❷ 특별한 우울 신호가 있나요?

상담 및 지도 연습

호소문제 어린이집에서 수현이는 아주 말 잘 듣고 친구들과는 잘 지내는 씩씩한 5세 남아이다. 그런데 하원 후 집에서는 조금만 일에도 삐치고 동생에게 물건을 던지며 자주 물건을 밟거나 떨어드리는 등 실수가 잦다.

목표행동

대처법

제3장

반응성 애착장애

사례

저는 어린이집 교사입니다. 종일반 아이들을 책임지고 있는데 만 3세가 지났지만 소변을 보러 가면 언제나 자기 고추를 잘 처리하지 못해 그냥 옷에다 흘리는 남자아이가 있습니다. 다른 발달은 그런대로 잘 되는 것 같은데 유독 화장실에 가겠다는 표현이 없고 대충 알아서 친구들이 갈 때 따라가거나 하지 않아서 저희가 식사 후나 간식 후 그냥 화장실로 데려가서 볼일을 보게 하는 식인데 그럴 때마다 자주 소변을 흘립니다.

1. 정의

반응성 애착장애(Reactive Attachment Disorder)는 아이가 양육자와의 관계에서 친밀한 애착형성이 문제가 되어 애착형성이 되지 않거나 무분별한 강한 애착반응을 나타내거나 또는 접촉을 거부하고 아동의 다양한 발달을 지연시키는 장애를 말한다(김정미 외 2인, 2015; 임혁 & 채인숙, 2015). 외상 및 스트레스 관련 장애에 포함되는 유아동기 장애이다. 외상 및 스트레스 관련 장애는 외상 또는 스트레스성 사건에 대한 명백한 노출이 있은 후 발생하는 장애들을 포함한다. 반응성 애착장애, 탈억제성 사회적 유대감 장애, 외상 후 스트레스 장애, 급성 스트레스 장애와 적응 장애를 포함한다(김정미, 외 2인, 2015). 이 중에서 반응성 애착장애를 제외하고는 성인기의 정신장애에 해당된다.

2. 특성

반응성 애착장애를 가진 아동은 양육자에게서 안락함을 찾지 못하고 양육자가 제공하는 안락함을 거부하는 등, 억제적이고 감정적으로 내향적 반응을 보인다. 또한 다른 사람에게 최소한의 사회적이고 감정적 반응, 제한된 긍정적 반응, 성인 양육자와의 상호작용에서 슬픔 또는 두려움과 같은 감정적 괴로움 등의 증상이 나타난다. 반응성 애착장애의 원인으로는 학대나 유기 같은 부적절한 양육, 양육자의 병적이거나 미숙한 보살핌과 같은 양육자의 문제 또는 위탁 혹은 대리 부모의 지나친 변동 등 주 양육자의 잦은 교체에서 비롯된 양육환경상의 문제가 있을 수 있다(이순민, 2014).

애착형성의 실패로 인해 사회적 관계 형성에 있어서 심각한 문제를 일으키는 장애이다. 애착은 주 양육자와 갖는 정서적 유대감으로 아동 발달에 큰 영향을 미친다. 반응성 애착장애 아동은 신체적·지적·정서적인 발달이 지체될 수 있다. 생후 약 8개월이 되면 대부분의 유아들은 낯선 사람을 비선별적으로 받아들이나 반응성 애착장애 아동은 아무에게나 강한 애착을 보이거나 반대로 지속적으로 접촉을 거부할 수도 있다. 반응성 애착장애 아동은 눈 맞춤이 어렵고, 혼자서만 놀려고 하고, 이름을 불러도 반응이 없는 등 자폐 범주성 장애와 유사한 행동 특성을 보인다. 그러나 자폐 범주성 장애와는 달리 심각한 의사소통 장애와 상동 행동은 보이지 않는 경우가 많다. 또한 사회성 발달 능력이 있기 때문에 바람직한 환경이 주어지면 정상 발달의 가능성도 높다(특수교육학용어사전, 2009).

3. 진단

DSM-5의 반응성 애착장애 진단기준

A. 다음 두 가지에 나타난 것처럼, 성인 양육자에 대해 억압되어 있고, 감정적으로 내향적 행동의 지속적 패턴
   1. 아동이 괴로울 때(distressed) 거의 또는 최소한으로 안락함을 구함
   2. 아동이 괴로울 때 거의 또는 최소한으로 안락함에 응함

B. 적어도 다음 중 두 가지로 특징지어지는 지속적인 사회적 그리고 감정적 괴로움
   1. 다른 사람들에게 최소한의 사회적, 감정적 반응
   2. 제한적인 긍정적 감정
   3. 성인 양육자와의 위협적이지 않은 상호작용 중에도 설명할 수 없는 과민성, 슬픔 또는 두려움의 분명한 삽화들

C. 아동은 다음 중 적어도 한 가지에 의해 입증되는 불충분한 보살핌의 극단적 패턴을 경험함
   1. 안락함, 자극 그리고 애정에 대한 기본적인 정서적 욕구의 지속적 결핍의 형태로 나타난 사회적 방치 또는 박탈
   2. 안정된 애착형성을 위한 기회를 제한하는 주 양육자의 반복적인 변경(예시 : 위탁보호의 빈번한 변경)
   3. 선택적 애착 형성을 위한 기회를 매우 제한하는 비정상적 환경에서의 양육(예시 : 아동 대 양육자 비율이 높은 기관들)

D. 기준 C에서의 돌봄이 기준 A에서의 불안정한 행동에 원인이 된다고 추정됨

E. 기준들은 자폐 스펙트럼 장애에 해당되지 않음

F. 장애는 5세 이전에 나타남

G. 아동은 적어도 발달연령이 9개월이 되어야 함
   - 만약 해당된다면 명시할 것 : 지속적임 : 장애가 12개월 이상 존재해 왔음
   - 현재의 심각도를 명시할 것 : 반응성 애착장애는 아동이 장애의 모든 증상들을 보이며 각각의 증상이 상대적으로 높은 수준으로 나타나는 경우, 심각한 것으로 명시됨

(이순민, 2014)

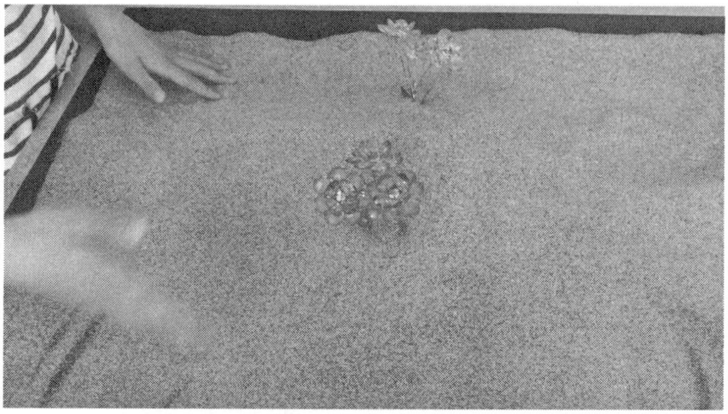

(잔트만아동청소년상담센터, 2015)

만 8세 여아의 초기 모래놀이 평가에 대한 것이다.

첨 모래놀이 평가를 시작할 때 태도는 쉽게 모래를 만지지 못하고 계속 의자로 돌아왔다. 피겨에 대한 설명도 상자에 대한 설명도 세 번 정도 한 이후에 시작하였다. 주도성 부족 및 학습된 무기력감과 관련될 수 있을 것으로 보인다.

모래상자가 세 번 정도 시행되었다.

첫 번째 등장한 피겨는 크리스탈꽃(분홍색) 두 번째도 크리스탈꽃(보라색), 그리고 모래상자 1번에서 주인공은 짱구

관찰된 특이사항은 첫 번째, 울라프가 해를 좋아한다면 해 아래에 울라프를 가져다 놓았다가 철회하였다.

두 번째, 오줌누는 듯한 짱구에 꽂혀서 고추를 만지작거리다 모래에 거꾸로 박았다. 공격적이며 적대적 표현이다. 이후 두 번째 모래상자에서는 짱구는 모두 철수 시키고 다시 모든 관심가는 피겨들을 가져다 묻고 도로 가져다 놓고 하는 식이 강박적으로 반복되었다. 2번 상자에서는 맥주상자를 가져다 놓더니 음료수인데 아주 정성스럽게 묻고 다시 파내서 제자리에 돌려놓았다. 굉장히 내면에 갈등이 많아보였다. 복잡다단하였다.

특이사항 세 번째는 텔레비전과 맥주 그리고 거울을 가져다 이리 저리 계속 자리를 정하는데 고민을 많이 하다 결국 거울이 텔레비전을 본다고 하면서 텔레비전과 마주보게 배치하였다.

모래상자1번과 2번에서 자주 언급되는 두 번째 주제는 맥주, 아빠 술마시고 오면 코를 엄청 곤다고 하였다. 같이 자냐고 하자 어떡해? 라고 하자 평소에는 별로 안 곤다고 하였다.

1번 모래상자에서는 꽃도 많이 등장한다.

크리스탈꽃과 모형꽃, 짱구, 맥주, 텔레비전, 거울, 불(스탠드)

2번 3번 모랠 할 때는 끝맺음이 안 되었다.

상담자가 끝이 난거냐고 물으면 아직 아니라고 하였다.

모래에다 완구들 해적룰렛이나 자판기 놀잇감을 가져다 놓고 놀다가 다른 거 하다가 하였다.

2번과 3번에서 등장하는 피겨는 옛날 재봉틀, 상담자가 권해준 늑대아이라는 디브디에서 보았다고 함. 어땠냐고 묻자 재미있었다고 한다.

표현은 빈약하였다. 상담자의 언급이 단서가 되는 듯 보였다. 처음 모래를 시작할 때 크리스탈꽃에 모래를 뿌리면 심는 듯해. 심는다라는 표현을 해주었더니 이내 심는다라고 고정하였다. 모래상자의 주제를.

전체적인 피겨수는 24정도 1번 상자에서 여전히 애정결핍이나 우울함을 드러냈다. 위 아동은 불안정한 애착형성이 의심되는 여러 징후들이 있으며, 부모 모두 고학력자 고소득 전문직으로 물리적으로 시간이 너무 부족하여 베이비 시터의 도움을 받아 두 아이를 양육하는 상황이고 현재 아동은 초등학생이고 세 살 어린 여동생이 있다.

생각해 보기

❶ 반응성 애착장애와 유사한 특성을 보이는 장애는 무엇인가?
❷ 비슷한 특성을 보이는 장애와 차이점은 무엇인가?

상담 및 지도 연습

호소문제 만3세가 지났지만 소변을 보러 가면 언제나 자기 고추를 잘 처리하지 못해 그냥 옷에다 흘리는 남자아이가 있습니다. 다른 발달은 그런대로 잘 되는 것 같은데 유독 화장실에 가겠다는 표현이 없고 대충 알아서 친구들이 갈 때 따라가거나 하지 않아서 저희가 식사 후나 간식 후 그냥 화장실로 데려가서 볼일을 보게 하는 식인데 그럴 때마다 자주 소변을 흘립니다.

목표행동

대처법

제4장

탈억제성 사회적 관계 장애

사례

만3세 6개월인 남아입니다. 친구들을 자주 깨물고 밀치고 때립니다. 예측이 되는 상황보다는 안되는 상황이 더 많고 못하게 해도 그때 뿐입니다. 부모는 맞벌이를 하는데 어머니께 말씀을 드리면 자신도 자주 깨문다고 ...주로 팔꿈치를 자면서 물면서 잔다고 하시더라구요. 문제인건 알겠는데 어떻게 지도해야 할지 모르겠다하시면서 안타까워 하셨습니다.

1. 정의

이 장애는 상대적으로 낯선 사람과의 문화적으로 부적절한 과도하게 친밀한 행동에 연관된 행동패턴을 보인다. 이 과도하게 친밀한 행동은 문화의 사회적 경계를 침범한다. 탈억제성 사회적 관계 장애는 아동이 발달적으로 선택적 애착이 형성되기 전에 진단 내려져서는 안 된다. 그러므로 아동은 반드시 적어도 발달 연령 9개월이 되어야만 한다(APA, 2013). 탈억제성 사회적 관계 장애는 DSM－IV－TR에서는 포함되지 않던 장애로, DSM－V에서 새로 추가되었다.

2. 진단

DSM－V의 탈억제성 사회적 관계 장애 진단기준

A. 아동이 낯선 성인에게 적극적으로 접근하고 상호작용하며, 다음 중 적어도 두 가지로 나타나는 행동의 패턴
   1. 낯선 성인에게 접근하거나 그들과 상호작용하는 데에 덜 주저하거나 주저함이 없음
   2. 지나치게 친밀한 언어적 또는 신체적 행동(문화적으로 허용되거나 나이에 맞는 사회적 경계와도 일치하지 않음)
   3. 낯선 상황에서도 주변을 탐색하고 난 후에 성인 양육자의 존재를 덜 확인하거나 아예 확인하지 않음
   4. 낯선 성인을 최소한의 망설임이나 전혀 망설임 없이 기꺼이 따라나서려 함

B. 기준 A의 행동들은 충동성(주의력결핍 과잉행동 장애에서처럼)에 한정되지 않으며, 사회적으로 억제되지 않은 행동들을 포함함

C. 아동은 다음 중 적어도 한 가지로 나타날 수 있는 극도의 불충분한 돌봄의 패턴을 경험해 옴
   1. 성인 양육자로부터 안락함, 자극 및 애착에 대한 기본적인 정서적 욕구들이 지속적으로 충족되지 못한 형식으로 사회적 방치 또는 박탈됨
   2. 안정적 애착을 형성할 기회를 제한하는 주 양육자의 반복적 변경(예시 : 잦은 위탁가정 변경)
   3. 선택적 애착형성을 위한 기회를 매우 제한하는 비정상적 환경에서의 양육(예시 : 아동 대 양육자 비율이 높은 기관들)

D. 기준 C에서의 돌봄이 기준 A에서의 불안정한 행동에 원인이 된다고 추정됨(예시 : 기준 A의 장애가 기준 C에서의 병인이 되는 돌봄 이후에 시작됨).

E. 아동은 적어도 발달 연령이 9개월이 되어야 함
   - 만약 해당된다면 명시할 것 : 지속적임 : 장애가 12개월 이상 존재해 왔음
   - 현재의 심각도를 명시할 것 : 탈억제성 사회적 관계 장애는 아동이 장애의 모든 증상들을 보이며 각각의 증상이 상대적으로 높은 수준으로 나타나는 경우, 심각한 것으로 명시됨

생각해보기

❶ 탈억제성 사회적 관계 장애와 성격장애와 유사점은 무엇인가?
❷ 탈억제성 사회적 관계 장애와 성격장애의 차이점은 무엇인가?

상담 및 지도 연습

호소문제 만3세 6개월인 남아입니다. 친구들을 자주 깨물고 밀치고 때립니다. 예측이 되는 상황보다는 안 되는 상황이 더 많고 못하게 해도 그때 뿐입니다. 부모는 맞벌이를 하는데 어머니께 말씀을 드리면 자신도 자주 깨문다고 ... 주로 팔꿈치를 자면서 물면서 잔다.

목표행동

대처법

제5장

틱장애(tic disorder)

사례

만 4세 2개월 여아입니다. 한달 전부터 눈을 하루에 2~3번 정도 깜박거리는 모습이 보여서 안과에 갔습니다. 안과에서는 결막염초기 증상으로 보인다며 간단한 안약을 주었습니다. 하지만 여전히 엄마가 보기엔 자주는 아니지만 계속 눈깜박거림이 있어 전반적인 발달상태로 체크할 겸 전문상담센터에 내원하였습니다.

아이들이 특별한 이유 없이 신체 일부분을 빠르게 움직이는 이상 행동이나 이상한 소리를 내는 것을 말한다.

1. 정의

틱은 아이들이 특별한 이유 없이 자신도 모르게 얼굴이나 목, 어깨, 몸통 등의 신체 일부분을 아주 빠르게 반복적으로 움직이거나 이상한 소리를 내는 것을 말한다. 전자를 운동 틱(근육 틱), 후자를 음성 틱이라고 하는데, 이 두 가지의 틱 증상이 모두 나타나면서 전체 유병기간이 1년을 넘는 것을 뚜렛병(Tourette's Disorder)이라고 한다.

2. 원인

유전적인 요인, 뇌의 구조적/기능적 이상, 뇌의 생화학적 이상, 호르몬, 출산 과정에서의 뇌 손상이나 세균감염과 관련된 면역반응 이상 등이 틱의 발생과 관련이 있는 것으로 알려져 있다. 그 밖에도 학습 요인, 심리적 요인 등이 틱의 발생과 악화에 관련 있다. 예를 들어 아주 가벼운 일시적인 틱은 주위의 관심이나 환경적 요인에 의해 강화되어 나타나거나, 특정한 사회적 상황과 연관되어 나타날 수 있다. 가족이 틱의 증상을 오해하고 창피를 주거나 벌을 주어서 증상을 제지해 보려고 한다면 아이는 정서적으로 불안해져 증상이 오히려 악화된다. 그러나 심리적인 원인만으로 틱이 발생하는 것은 아니다.

3. 증상

틱은 소아에서는 매우 흔한 질병이다. 전체 아동의 10~20%가 일시적인 틱을 나타낼 수 있는데, 증상은 7~11세에 가장 많이 나타난다. 일과성 틱은 학령기 아동의 5~15%에서 나타나는데, 만성 틱은 그 중 1%의 아동에게 발생한다.

틱의 일반적인 특징은 다음과 같다. 틱 증상은 불수의적인 것으로써 고의로 그러는 것이 아니다. 즉, 일부러 아이가 그런 행동을 보이는 것이 아니므로 부모나 교사는 아이에게 화를 내거나 나무라는 것은 좋지 않다. 시간의 경과에 따라 증상의 정도가 변한다. 파도가 밀려오듯이 갑자기 증상이 심해졌다가 며칠 뒤에는 잠잠해지는 식으로 증상의 정도에 변화가 많다. 증상을 보이는 해부학적 위치도 어느 날은 눈을 깜빡이다가 며칠 후에는 코를 킁킁거리는 식으로 변할 수 있다.

근육 틱과 음성 틱이 있으며 다음과 같이 각각 단순형과 복합형으로 나누어진다.

1) 단순 근육 틱 : 눈 깜박거리기, 얼굴 찡그리기, 머리 흔들기, 입 내밀기, 어깨 들썩이기
2) 복합 근육 틱 : 자신을 때리기, 제자리에서 뛰어오르기, 다른 사람이나 물건을 만지기, 물건 던지기, 손 냄새 맡기, 남의 행동을 그대로 따라 하기, 자신의 성기부위 만지기, 외설적인 행동하기
3) 단순 음성 틱 : 킁킁거리기, 가래 뱉는 소리 내기, 기침소리 내기, 빠는 소리 내기, 쉬 소리 내기, 침 뱉는 소리 내기
4) 복합 음성 틱 : 사회적인 상황과 관계없는 단어를 말하기, 욕설 뱉기,

남의 말을 따라 하기

4. 진단

만성 운동 틱 또는 만성 음성 틱장애의 진단기준은 다음과 같다.

1) 1가지 또는 여러 가지의 운동 틱 또는 음성 틱[갑작스럽고 빠르고 반복적, 비율동적이며, 같은 행동을 계속 반복하는(상동증) 동작 또는 음성]이 장애의 경과 중 일부 기간 동안 존재하지만, 두 장애가 함께 나타나지는 않는다.
2) 틱은 1년 이상의 기간 동안 거의 매일 또는 간헐적으로 하루에 몇 차례 일어나고, 이 기간 동안에 틱이 없는 기간이 연속적으로 3개월 이상 지속되지는 않는다.
3) 사회적, 직업적 또는 다른 중요한 기능 영역에서 심각한 고통이나 장해를 일으킨다.
4) 18세 이전에 발병한다.
5) 장해는 자극제 같은 물질이나 일반적인 의학적 상태(예 : 헌팅턴 병, 바이러스성 뇌염)의 직접적인 생리적 효과로 인한 것이 아니다.
6) 뚜렛 장애의 기준에 맞지 않아야 한다.

뚜렛 장애의 진단기준은 다음과 같다.

1) 여러 가지 운동 틱과 1가지 또는 그 이상의 음성 틱이 장애의 경과 중 일부 기간 동안 나타난다. 두 가지 틱이 반드시 동시에 나타나는 것은 아니다.
2) 틱은 1년 이상의 기간 동안 거의 매일 또는 간헐적으로 하루에 몇 차례씩(대개 발작적으로) 일어나고, 이 기간 동안에 틱이 없는 기간이 3개월 이상 지속되지 않는다.
3) 사회적, 직업적, 또는 다른 중요한 기능 영역에서 심각한 고통이나 장해를 일으킨다.
4) 18세 이전에 발병한다.
5) 장해는 자극제 같은 물질이나 일반적인 의학적 상태(예 : 헌팅턴 병, 바이러스성 뇌염)의 직접적인 생리적 효과로 인한 것이 아니다.

5. 검사

틱장애로 진단하기 위해서는 감별 진단을 위해 다른 신경과적 내과적 문제가 없는지 충분히 살펴보아야 하고 증상에 따라 감별 진단을 위해 뇌자기공명영상 촬영, 혈액 검사, 그리고 뇌파 검사 등의 검사를 시행한다.

또한 우울장애, 주의력 결핍/과잉행동 장애, 반항성 도전 장애 등의 다른 정신과적 문제가 공존하는 경우가 많아 이 부분에 대해서도 세심한 진단적 고려가 요구된다.

6. 치료

현재까지는 임상적으로 문제가 되는 중등도 이상의 틱장애 치료에 약물 치료가 가장 효과적이라고 알려져 있다. 일과성 틱장애가 아닌 만성 틱장애, 뚜렛병의 경우에는 대개 약물 치료가 시행된다. 약물 치료 기간은 환자의 증상의 호전 정도에 따라 다르지만, 대개 12~18개월 정도 복용한 뒤에는 양을 줄이기도 한다. 틱은 분명 만성적인 질병이지만 전체적으로 예후는 좋은 편이다. 음성 틱은 완전히 사라지는 경우가 많고 근육 틱 역시 호전되는 경우가 많기 때문이다.

대개 7~15세 사이에 가장 증세가 심하지만 일반적으로 증상의 악화와 완화가 반복되면서 점차 약해진다. 뚜렛병의 경우 30~40%는 완전히 증상이 없어지며, 30%는 증상이 있더라도 심하지 않은 정도가 된다. 하지만 나머지 아동들은 성인이 되어서도 증상이 지속될 수 있다.

7. 경과/합병증

틱의 경과는 매우 다양하다. 대개 만 2세부터 13세 사이에 시작되는데, 7~11세 사이에 발병하는 경우가 가장 많다. 눈을 깜박거리는 증상부터 시작하는 경우가 가장 흔하지만 시간이 경과하면서 어느 날은 눈을 깜빡이다가 며칠 후에는 코를 킁킁거리는 식으로, 한 가지 증상이 없어지고 다른 증상이 새로이 나타나기도 한다. 수일 혹은 수개월에 걸쳐 저절로 증상이 생겼다가 없어졌다 하는 경우도 많다.

파도가 밀려오듯이 갑자기 증상이 심해졌다가 며칠 뒤에는 잠잠해지는 식으로 증상의 정도도 시시각각 달라진다. 일시적인 틱은 대개 저절로 사라지지만, 일부는 만성 틱장애나 뚜렛병으로 발전하기도 한다.

8. 팁(Tip)

틱 증상은 일부러 혹은 고의로 증상을 만들어내는 것이 아니며 뇌의 이상에서 비롯되는 병이므로 아이를 나무라거나 비난하기, 놀리기, 지적하기 등은 피하는 것이 좋다. 초기에 가장 효과가 좋은 대책은 증상을 무시하고 증상에 대해 관심을 주지 않는 것이다.

틱장애 아동뿐만 아니라 함께 생활하는 다른 아이들을 위해서라도 병에 대해 충분히 이해한 학교 선생님과의 협조가 필요하다. 친구들이 틱 아동을 받아들이지 않고 따돌리게 되면 사회성에 문제가 생기는 경우가 많으므로 선생님이 교실 내에서 긍정적이고 지지적인 환경을 제공해 주는 것이 많은 도움이 되기 때문이다(네이버백과사전. 서울대학교병원 의학정보, 서울대학교병원, 2015).

9. 신경발달 장애

신경발달 장애(Neurodevelopmental Disorders)는 중추신경계, 즉 뇌의 발달 지연 또는 뇌 손상과 관련된 것으로 알려진 정신장애를 포함하고 있다. 여기에는 지적장애(지적발달 장애), 의사소통 장애, 자폐 스펙트럼 장애, 주의력결핍 과잉행동 장애, 특정학습 장애, 운동장애와 같은 6가지 장애가 포함된다.

보통 발달단계 초기, 흔히 아동이 초등학교에 들어가기 전에 나타나며, 개인적 · 사회적 · 학업적 · 직업적 기능에 손상을 초래하는 발달적 장애의 특징을 가진다(이순민, 2014).

생각해 보기

❶ 틱은 완치한 가능한 장애일까요?
❷ 틱은 자연치유되는 법은 없을까요?
❸ 만약 틱을 발견시 조기에 치료를 하지 않으면 어떤 문제가 야기될까요?

상담 및 지도 연습

호소문제 만 4세2개월 여아입니다. 한달 전부터 눈을 하루에 2~3번 정도 깜박거리는 모습이 관찰된다.

목표행동

대처법

제6장

지적장애 (지적발달 장애)

사례

만4세7개월인 여아를 둔 엄마입니다. 저희 아이는 대학위탁 어린이집을 다니는데 얼마 전 담임교사의 주도로 발달검사를 실시하였고 그 결과 아주 발달이 떨어지는 것으로 나타났다는 결과지를 받았습니다. 발음이 아주 나빠서 의사소통이 수월하지는 않지만 발달이 떨어져서 발달장애란 진단을 들을 정도인가 하는 부분은 놀랍기도 하고 이해가 잘 안되어서요.

신경발달 장애(Neurodevelopmental Disorders)는 중추신경계, 즉 뇌의 발달 지연 또는 뇌 손상과 관련된 것으로 알려진 정신장애를 포함하고 있다. 여기에는 지적장애(지적발달 장애), 의사소통 장애, 자폐 스펙트럼 장애, 주의력 결핍 과잉행동 장애, 특정학습 장애, 운동장애와 같은 6가지 장애가 포함된다.

보통 발달단계 초기, 흔히 아동이 초등학교에 들어가기 전에 나타나며, 개인적 · 사회적 · 학업적 · 직업적 기능에 손상을 초래하는 발달적 장애의 특징을 가진다(이순민, 2014).

1. 정의

지적장애(정신지체)는 18세 이전에 시작하는 발달장애 상태로, 지적, 인지적 능력에 뚜렷한 제한이 있고 일상생활을 제대로 수행하기 어렵다. 지적장애 자체가 질병은 아니다.

2. 특성

인지발달을 위한 주의력이나 기억력의 결함이 있다. 적절한 주의를 기울이지 못하고 엉뚱한 곳에 주의를 기울이거나 주의집중의 시간이 짧고 단기 및 장기 기억력도 또래에 비해 부족하다(이소연, 박은혜, 2011). 특히 단기기억을 작동기억으로 활용하거나 장기기억으로 저장하기 위해 책략을 필요로 하는데 그 부분이 현저히 떨어지기 때문이다.

자료의 조직화나 용량에 제한이 있다. 모델을 관찰하거나 모방하는 것을 통해서 학습하는 능력과 참여하는 것만으로 학습할 수 있는 우발학습 능력이 부족하다. 의사소통 능력의 특징으로는 언어기술을 가지고 있어도 다양한 맥락의 대화에서 단어의 멈춤이나 길이를 조절하거나 말을 주고받는 시간을 조절하는 언어의 사회적 사용 면에서도 어려움을 나타낸다. 형용사나 부사 등의 수식하는 말을 잘 사용하지 않으며, 유머나 풍자는 이해하기 어려워한다. 또한 음이 정확하지 않는 조음 문제가 흔히 나타나기도 하며, 언어발달 속도가 심하게 지체되거나 구어가 아예 발달되지 않는 경우도 많다.

대화를 할 때 명료화가 떨어져 다시 말해 보라는 요구를 일반 아동보다 더 많이 받으며 부적절하거나 이미 언급된 주제를 반복적으로 사용하는 구어적 고착현상을 보이고 자신의 명확한 의사를 밝히는 것을 어려워하기도 한다.

일반화와 학습의 전이에 어려움을 보이며 한 가지를 배우면 다른 것에 지나치게 적용하거나 그 반대로 한 군데서 배우면 다른 곳에서는 전혀 적용하지 못한다(이소현, 박은혜, 2011).

3. 진단

전 세계적으로 정신과 영역에서 가장 많이 쓰이는 진단기준인 미국정신의학회의 정신장애의 진단 및 통계편람 제4판 (Diagnostic and Statistical Manual of Mental Disorder－Fourth Edition：DSM－IV)에 따르면 정신지체의 진단기준은 다음과 같다.

1) 지적인 기능이 뚜렷이 평균 이하이다. 개인적으로 시행한 지능검사에

서 대략 70이하의 소견을 보인다(유아인 경우에는 임상적인 소견에 의하여 평균 이하의 지적인 기능상태를 보인다고 판단될 때이다).

2) 다음 항목 가운데 적어도 두 가지 항목에서 현재의 적응 기능(예 : 개인의 연령이나 문화 집단에서 기대되는 기준을 만족시키는 개인의 효율성)결함이나 장해를 동반한다 : 의사소통, 자기－돌봄, 가정생활, 사회적 기술과 대인 관계적 기술, 지역사회 자원의 활용, 자기－관리, 기능적 학업 기술, 직업, 여가, 건강 및 안전

3) 18세 이전에 발병한다.

－지적 기능의 장애 정도에 따라서 다음과 같이 세분화 된다.

－가벼운 정도의 정신지체 : 지능지수 50～55에서 약 70까지

－중간 정도의 정신지체 : 지능지수 35～40에서 50～55까지

－심한 정도의 정신지체 : 지능지수 20～25에서 35～40까지

－아주 심한 정도의 정신지체 : 지능 지수 20 또는 25이하

－정도를 세분할 수 없는 정신지체 : 정신지체라는 강한 심증은 있지만, 표준화 검사에 의해 지능을 측정할 수 없는 경우(출처 : 서울대학교병원 의학정보, 서울대학교병원(네이버백과사전, 2015)

DSM－V의 지적장애 진단기준

A. 임상적 평가와 개별화, 표준화된 지능검사로 확인된 추론, 문제해결, 계획, 추상적 사고, 판단, 학업적 학습, 경험적 학습과 같은 지적 기능의 결함

B. 개인적 독립과 사회적 의무에 대한 발달적·사회문화적 기준을 맞추기 어려운 결과를 낳게 하는 적응 기능의 결함. 지속적 지지 없이는 적응적 결함이 집, 학교, 직장 그리고 커뮤니티와 같은 다양한 환경에서의 의사소통, 사회참여, 그리고 독립적 생활, 일상생활의 한 가지 이상의 활동의 기능을 제한함

C. 지적 및 적응적 결함이 발달시기에 시작됨
현재의 심각도를 명시할 것 : 가벼운 정도
중간 정도
심각한 정도
극심한 정도

(이순민, 2014)

지적장애는 발달시기에 개념적, 사회적 실용적 분야에서 지적, 적응적 기능의 결함이 나타나는 장애를 말한다. 지적장애의 유병률은 약 1%로 추정되며, 남자 대 여자의 비율이 약 1.5 : 1로 남자에게서 더 흔하게 나타난다. 지적장애를 가진 학생도 비장애 학생과 똑같은 기본 생리적, 사회적 정서적 요구를 가진다. 다만 단기 기억력 및 주의력의 결함을 보이고 집중하는데 시간이 짧으며, 정신을 산만하게 하는 자극을 억제하는데 어려움이 있다. 지적장애를 가진 사람은 부적절한 얼굴 표정이나 신체 접촉을 하거나 상황과 대상에 맞지 않는 대화를 하기도 하며, 언어 발달 속도가 늦다. 앞뒤로 몸을 흔들거나 머리를 부딪치거나 눈앞에서 손가락을 조작하거나 생각에 잠기기기도 한다. 지적장애는 학습장애나 의사소통 장애를 동반하며, 자폐증과 같은 전반적 발달장애가 지적장애와 같이 나타날 수 있다. 가벼운 정도의 지적장애가 있는 개인은 적절한 훈련과 기회를 통해 지적장애의 범주에서 변화될 수도 있다. DSM－IV－TR에서는 정신지체로 구분되던 진단명이 DSM－V에서는 지적장애 지적발달 장애로 진단명이 변경되었다. DSM－IV－TR의 정신지체와 DSM－V의 지적장애의 진단기준에는 여러 차이점이 있다. 예를 들면, DSM－IV－TR에서는 지능지수가 어느 범주에 있는지 그리고 교육, 훈련가능하거나 또는 제한된 기술을 습득 가능한지의 여부에 따라 심각성을 분류했었다. 반면, DSM－5에서는 지적장애의 심각성을 개념적, 사회적, 실용적 분야로 나누어서 지적 및 적응적 기능의 결함 기준을 제시하고 있다. 또한 진단기준을 미취학 어린이와 학령기 어린이, 성인기로 나누어서 설명하고 있으며, 5세 이하의 개인이 유아기에 임상적 중증도를 신뢰성 있게 평가하기 어려울 때 진단되는 전반적 발달지연(Global Developmental Delay)이 추가되었다. 또한 장애가 시작되는 특정 나이(만18세 이전)를 명시했던 DSM－IV－TR과는 달리 DSM－V에서는 지적, 그리고 적응적 결함이 발달시기에 시작된다고만 명시하고 있다(이순민, 2014).

4. 원인

지적장애의 원인은 다양하지만 크게 생물학적 원인, 환경적 또는 사회문화적 원인, 앞의 두 요인이 복합적으로 작용하는 경우로 나누어 볼 수 있다.

(1) 생물학적 원인

① 염색체 이상 증후군

－다운 증후군(Downsyndrome)
－클라인펠터 증후군(Klinefeltersyndrome)
－터너증후군(Turnersyndrome)
－파타우 증후군(Patausyndrome)
－에드워드 증후군(Edwardsyndrome)

－취약 X 염색체 증후군(Fragile X syndrome) 등

② 단일 유전자 이상

－결절성 경화증(Tuberoussclerosis) 등

③ 선천성 대사장애

－페닐케톤뇨증(Phenylketonuria)
－테이－삭스 병(Tay－Sachsdisease)
－고셔 병(Gaucherdisease)
－크라베 병(Krabbedisease)
－니만－피크 병(Niemann－Pickdisease)
－갈락토오즈 혈증(Galactosemia)
－윌슨병(Wilsondisease)
－호모시스테인뇨증(Homocysteinuria)
－당원병(Glycogen－storagedisease) 등

(2) 환경적 또는 사회문화적 원인

① 초기 태아발달의 이상

－태아손상
－태아 알코올 증후군(Fetalalcoholsyndrome) 등

② 임신 및 주산기 장애

- 산전 및 산후 뇌 감염
- 태아의 영양실조
- 조산 및 미숙아
- 출산시의 저산소증 및 뇌 손상
- 핵 황달 등

③ 소아기의 질병

- 선천성 갑상선 기능 저하증
- 신경섬유화증
- 기타감염
- 종양 및 손상
- 약물 및 중금속 중독 등

④ 사회경제적 원인

- 양육자의 교육 정도가 낮아 아이에게 적절한 자극을 주지 못하는 경우
- 절대 빈곤층 또는 사회경제적으로 낮고 불우한 계층에서 경험 부족
- 아동학대 및 방임의 장기간 경험

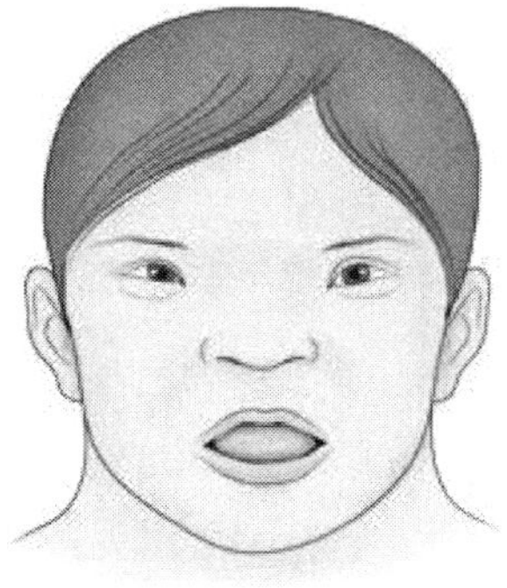

다운 증후군

취약 X염색체 증후군

5. 증상

대개 언어 지연, 인지, 학습 기능의 발달 문제가 조기에 나타난다.

가벼운 정도의 정신지체인 경우, 학령 전기에는 쉽게 알아채지 못할 수 있는데, 나이가 들수록 추상적 사고능력 결핍과 같은 인지적 기능 저하, 자기중심적 사고 등이 나타날 수 있다.

중간 정도의 정신지체인 경우, 유아기 때는 정상적으로 의사소통을 하기도 하나 2~3학년 수준 이상의 학업을 성취하는 것이 곤란하고, 적절한 감독 하에서 복잡하지 않은 수작업을 할 수 있다.

심한 정도의 정신지체인 경우, 중요 단어와 숫자를 익힐 수 있으나 직업 훈련은 어렵다.

아주 심한 정도의 정신지체인 경우, 잘해야 기본적인 지시 이해 및 단순 요구를 하는 정도로 의사 전달을 할 수 있으며, 대부분에서 신경학적 이상이 동반되고 자해 행동이 빈번하다.

6. 진단

앞서 설명한 미국정신의학회의 정신장애의 진단 및 통계편람 제4판(Diagnostic and Statistical Manual of Mental Disorder－Fourth Edition : DSM－IV)의 기준에 따라 진단한다.

7. 검사

가족력, 유전적 질환, 출생력 등을 파악하고 신체 이학적 검사를 실시한다. 이학적 검사를 통해 정신 지체를 일으킬 수 있는 요인과 관련된 신체 기형(예 : 눈과 눈 사이가 멀거나, 코가 낮거나, 혀가 튀어나오거나 입술이 두툼한지 등)이 있는지를 조사한다. 시청각 장애, 언어장애, 간질 동반 여부 등을 포함한 신경학적 검사를 실시하고, 필요에 따라 두부뇌 자기공명영상(MRI), 뇌단층촬영(CT), 뇌파 검사(EEG) 등을 실시할 수 있다.

8. 치료

정신지체에 대한 최선의 치료는 예방이다. 정신지체 자체보다는 이차적인 정신질환과 후유증 및 사회적응에 대한 치료가 필수적이다. 개인정신치료를 포함한 가족치료와 행동치료 및 문제되는 행동에 대한 약물치료를 시행 할 수 있으며 간질과 같은 합병증에 대한 치료를 해야 한다.

9. 경과/합병증

(1) 경과

대부분의 정신지체에서 지적인 기능 자체는 호전되기 어렵다. 하지만 지지적이고 좋은 환경을 제공할 경우 적응 수준은 향상될 수 있다. 동반된 질병이 있는 경우 일반적으로 예후가 불량하다.

(2) 합병증

지능 저하에 따른 적응 장애뿐 아니라 여러 정서 및 행동 장애와 신경학적 장애도 함께 나타날 수 있다. 정신지체 환자에서 정신장애 유병률은 일반인에 비해 3~4배 높은 것으로 보고되고 있다. 주의력결핍 과잉행동장애, 자폐증, 상동 행동장애, 불안장애, 공격적 행동, 분노 발작, 자해 행동 등이 흔히 동반될 수 있다. 중증의 정신지체일수록 시력, 청력, 간질, 뇌성마비 등의 신경학적 장애를 동반하는 경우가 많다. 적절하지 못한 성교육이나 성충동 조절 능력에 의해 성적 탈선이나 성범죄를 저지르는 비율도 높다. 조현병(정신분열), 정동장애 등 일반 지능을 가진 경우에 관찰되는 모든 정신질환이 나타날 수 있다.

10. 예방방법

유전적 질환에 대한 조사, 산전 진단, 풍진예방과 예방 접종, 출생 초기의 선천성 질환에 대한 검사, 조기발견 및 치료 등이 중요하다. 유전적 위험성이 의심될 경우 산전에 유전상담을 실시하도록 한다.

11. 팁(Tip)

환자의 가족은 환자에 대한 현실적인 기대를 유지시키면서 환자의 능력과 자존심을 향상시키도록 해야 한다. 어느 정도로 환자의 독립을 촉진시키면서 동시에 보호해야 할 것인가 하는 문제는 매우 어려우면서도 중요한 문제이다. 지적 기능과 적응 능력에 따라 경도 정신지체의 경우 특수교육과 직업훈련을 통해 지역사회 내에서 자립할 수 있도록 도와주는 것이 필요하지만, 고도 정신지체의 경우 수용 주거시설이 필요할 수도 있다.

* 출처 : 서울대학교병원 의학정보, 서울대학교병원(네이버백과사전, 2015)

생각해 보기

❶ 지적장애는 정신지체로 명명되었었는데 명칭이 변경된 이유는 무엇인가?
❷ 지적장애 남아와 여아의 성교육은 언제부터 시작하는 것이 바람직한가?
❸ 지적장애 남아와 여아의 성교육의 내용으로 반드시 구성해야 할 부분은 무엇인가?

상담 및 지도 연습

호소문제 만 4세 7개월 여아입니다. 다니는 어린이집에서 발달장애라는 진단을 받았습니다. 발음이 나빠서 알아듣기가 어려운 것은 사실이지만 발달이 늦은 발달장애란 상당히 인정하기 어려운 문제입니다. 하지만 정확한 진단을 위해 전문센터를 방문하였습니다.

목표행동

대처법

제7장

의사소통 장애

사례

어린이집에서 통 말을 하지 않으며, 자주 친구들을 깨물거나 때리거나 물건을 가져가거나 하는 식의 문제 행동을 나타내는 38개월 남아이다. 부모는 담당보육교사의 조언에도 집안이 말이 늦게 터지는 내력이 있다면서 대수롭지 않게 여겼다. 그 사이에 유아의 행동은 더욱 거칠어지고 친구를 때리는 빈도도 늘어났다. 결국 다시 부모님에게 전문가와 상담해 볼 것을 조언드렸다. 여전히 유아는 알아들을 수 없는 동물소리 비슷한 소음만을 낼뿐이다.

1. 정의

Van Riper(1973)는 언어장애를 말씨가 보통사람과 현저하게 달라서 듣는 사람이 그 말씨 자체에 주위가 끌려 의사소통에 방해가 되거나 또는 그런 말씨를 쓰는 사람에게 부적응을 일으키는 경우 말은 장애를 입고 있다고 설명하고 있다.

2. 유형 및 특성

언어병리학에서 말하는 언어장애에는 조음장애, 음성장애, 실어증, 유창성 장애가 있고 구체적인 기질적인 문제가 주요 원인이 되는 구개열의 조음장애, 뇌성마비로 인한 언어장애가 있다. 또한 아동의 발달이라는 측면에서 언어발달 지체, 언어발달 장애로 구분하고 있다(황성원 외 4인, 2010).

언어장애에서 또 한 가지 생각해야 할 것은 특수 장애가 원인이 되는 유형들이다. 정신지체로 인한 언어장애, 정서장애로 인한 언어장애, 학습장애아의 언어장애, 난청 또는 농(deaf)으로 인한 언어장애, 자폐증으로 인한 언어장애가 이에 속한다. 이들 특수 장애로 인한 언어장애는 모두 기질적 장애라고 할 수 있다(언어병리학회, 1994).

의사소통 장애(Communication Disorder)에는 표현, 말, 그리고 의사소통의 결함을 포함한다. 말(speech)은 소리의 표현 산출로 개인의 조음, 유창성, 음성 및 울림의 특성이 포함된다. 표현(language)은 상징들(예를 들면, 구어, 수화, 문어, 그림)의 관습적 체계의 방식, 기능 및 사용을 말한다. 의사소통은 다른 개인의 행동, 생각 또는 태도에 영향을 미치는 언어적, 비언어적 행동(의도적이건 의도하지 않았던 간에)을 포함한다. 말, 표현, 및 의사소통 능력에 대한 평가는 개인의 문화적, 언어적, 맥락 특히 이중언어 환경에서 자라는 개인의 경우를 고려해야 한다(APA, 2013, 재인용).

의사소통 장애는 DSM－IV－R과 비교해서 DSM－V에서는 언어장애나 사회적, (실용적) 의사소통 장애가 추가되었으며, 음운장애(Phonological Disorder)가 언어음 장애로 그리고 말더듬증(Stuttering)이 아동기 발병 유창성 장애(말더듬증)로 명칭이 변경되었다. 결론적으로 DSM－V의 의사소통 장애에는 언어장애(language Disorder), 언어음성 장애(Speech Sound Disorder), 아동기 발병 유창성 장애(Childhood－Onset Fluency Disorder), 사회적 의사소통 장애(Social Communication Disorder) 및 기타 분류된 그리고 분류되지 않은 의사소통 장애들(Other Specified and Unspecified Communication Disorder)이 포함 된다(이순민, 2014).

위와 같이 언어장애의 유형을 봐도 알 수 있듯이 언어장애는 말과 언어의 외형적인 현상뿐만 아니라 인간의 개체, 인간이 구성하는 사회, 인간의 생리, 인지, 사회성 발달 그리고 인간 성장의 모든 요소를 포함하는 인간세계 전체와 관련되어 있다는 것을 알 수 있다.

(1) 언어장애

언어장애(Language Disorder)는 단어, 문장 구조 및 담화의 이해나 산출에서의 손상 때문에 언어의 습득이나 사용에 어려움을 겪는 장애이다. 언어장애를 가진 아동은 어휘가 제한되어 있거나 짧고 단순한 구조의 말을 주로 사용하며 어순이나 시제가 잘못된 언어적 표현을 사용하며, 단어나 어휘를 부적절하게 사용하고, 문장의 주요 부분을 생략하며, 길고 복잡한 문장을 만들지 못한다. 대화 능력에 장애가 있을 수 있다.

DSM-V의 언어장애 진단기준

A. 다음을 포함하는 이해력 또는 산출력에서의 결함에 의한, 여러 양상에 걸친 언어의 습득과 사용에서의 지속적인 어려움들(예시 : 구어, 문어, 수화, 또 다른 언어)
   1. 축소된 어휘(단어 지식과 사용)
   2. 제한된 문장 구조(문법과 형태론의 규칙에 바탕을 둔 문장들을 형성하기 위해 단어와 단어 어미를 조합하는 능력)
   3. 담화(한 주제나 일련의 사건들을 설명하거나 묘사하기 위해 어휘를 사용하고 문장을 연결하는 능력)의 손상
B. 언어능력이 그 나이에 기대되는 것보다 상당하게 그리고 정량화하게 못 미치며, 효과적 의사소통, 사회적 참여, 학업성취, 직업수행, 각각의 또는 복합적인 기능적 제한을 초래함
C. 증상이 초기 발달시기에 시작됨
D. 청력이나 다른 감각 손상, 운동신경 기능장애나 다른 의학적 또는 신경학적 상태에 기인하지 않으며, 지적장애(지적발달 장애)나 전반적 발달 지연에 의해 더 잘 설명되지 않음

(이순민, 2014)

(2) 아동기 발병 유창성 장애(말더듬증)

개인의 연령에 부적절한 언어능력의 평균 유창성과 시간 패턴에서의 장애가 주요 특징이다. 소리나 음절의 빈번한 반복이나 연장, 그리고 언어의 유창성 곤란의 다른 유형들(단어 내에서의 머뭇거림, 문제가 되는 단어들을 피하기 위해 단어 대체, 과도한 신체적 긴장과 함께 첫 음이 막히거나 오랫동안 연장해서 단어를 말함, 단음절로 된 단어 단위 반복)의 증상이 나타난다. 심리적인 원인이 대부분으로 심리치료가 병행되어야 치료적 효과가 있다.

DSM-V의 아동기 발병 유창성 장애(말더듬증) 진단기준

A. 개인의 나이와 언어 기술에 적절하지 않은 말의 평균 유창성과 시간 패턴에서의 장애들이 시간이 지나도록 지속되며, 다음 중에서 하나(또는 그 이상)의 빈번하고 뚜렷한 발생으로 특징지어짐
   1. 소리와 음절 반복들
   2. 모음뿐만 아니라 자음의 소리 연장
   3. 깨진 단어(예시 : 한 단어 내의 머뭇거림)
   4. 들을 수 있거나 들을 수 없는 차단(말하는 중에 소리를 내거나 아무 소리도 내지 않는 끊김)
   5. 우회적으로 말하기(문제가 되는 단어들을 피하는 단어 대체)
   6. 과도한 신체적 긴장과 함께 단어들이 산출됨
   7. 단음절로 된 단어 단위 반복(예시 : " 나-나-나 그를 보았다.")

B. 말하기에 불안감을 야기하거나 효과적인 의사소통, 사회적 참여, 학업성취, 직업수행에 각각 혹은 복합적으로 제한을 초래함

C. 증상이 초기 발달시기에 시작됨(주 : 늦게 시작된 경우들은 성인 발병 유창성 장애로 진단됨)

D. 장애는 음성 운동, 감각 결함, 신경학적 손상에 연관된 눌변(예시 : 뇌졸중, 종양, 외상)이나 다른 의학적 상태에 기인하지 않으며, 다른 정신장애에 의해 더 잘 설명되지 않음

(이순민, 2014)

(3) 사회적(실용적) 의사소통 장애

화용론(pragmatics) 또는 언어와 의사소통의 사회적 사용에 대한 주요 어려움이 특징이다. 자연스러운 상황에서 언어적 · 비언어적 의사소통의 사회적 법칙을 이해하거나 따르는 것, 듣는 사람의 욕구와 상황에 따라 언어를 바꾸는 것, 대화 및 이야기를 하는 데에서의 법칙을 따르는 데 결함을

나타낸다(이순민, 2014).

DSM-V의 사회적(실용적) 의사소통 장애 진단기준

A. 다음의 모두에서 나타나듯이, 언어적·비언어적 의사소통의 사회적 운용에서 지속적인 어려움
   1. 인사하기, 정보 공유하기와 같은 사회적 목적들을 위해 사회적 문맥에 적절한 방식으로 의사소통 사용의 결함
   2. 놀이터에서와는 다르게 교실에서 말하기, 성인과는 다르게 아동에게 말하기, 과잉으로 격식을 차린 언어 사용을 피하기 등과 같은 문맥 또는 듣는 사람의 욕구에 맞춰 의사소통을 변경하는 능력의 손상
   3. 대화에서 교대로 말하기, 제대로 이해받지 못했을 때 재 표현하기, 상호작용을 규제하기 위해 언어적·비언어적 신호들을 어떻게 사용하는지 알기 등과 같은 대화와 이야기하기의 규칙들을 따르는 데 어려움
   4. 명백하게 진술된 것이 아닌 것(예시 : 추론하기)과 언어의 문자 그대로가 아니거나 애매모호한 의미들(예시 : 관용구, 유머, 은유들, 문맥에 따라 해석이 다양한 의미들)은 이해하기 어려움

B. 효과적 의사소통, 사회적 참여, 사회적 관계들, 학업성취, 직업수행에 각각 혹은 복합적인 기능적 제한을 초래함

C. 증상이 초기 발달시기에 시작됨(하지만 사회적 의사소통에 대한 요구가 제한된 능력을 초과하기 전까지 결함들은 완전히 드러나지 않을 수도 있음)

D. 증상은 다른 의학적이거나 신경학적 상태, 또는 단어구조와 문법의 분야에 대한 낮은 능력에 기인하지 않으며, 자폐 스펙트럼 장애, 지적장애(지적발달 장애), 전반적 발달 지연이나 다른 정신장애에 의해 더 잘 설명되지 않음

(이순민, 2014)

3. 팁(Tip)

의사소통 장애 유아의 치료에 있어서 어린이집이나 유치원과 협력 체제의 유지는 중요한 문제이다. 어린이집이나 유치원에서 의사소통 장애 유아를 위해 특히 고려할 점은 다음과 같다. 연이어 일반적으로 언어활동을 촉진하는 기회를 제공하는 것도 상당히 중요하므로 그 구체적인 방법도 제시하였다. 마지막으로는 구강 에어로빅을 통해 언어활동을 위한 구강과 관련 근육의 활동을 격려하여 재활적 의미와 예방적 조치를 취할 수 있는 활동을 구성해보았다.

(1) 어린이집이나 유치원에서의 지도

① 유아가 부모와 좋은 인간관계를 갖게 한다.

의사소통 장애 유아가 있으면 유아 자신뿐만 아니라 부모도 신경질적으로 되는 경우가 많다. 말하는 것은 인간의 여러 가지 활동에 크게 관여하고 있으므로 단순한 의사소통 장애 이외의 2차적인 여러 가지 문제를 일으킨다. 특히 심리적인 면에 큰 영향을 준다. 불안정한 심리 상태의 유아와 부모 사이에 교사가 신뢰 할 수 있는 인간관계를 형성시키면 유아에게 좋은 영향을 미칠 수 있다.

② 의사소통 장애에 관한 지식을 습득한다.

의사소통 장애 유아의 원인과 실태에 대한 지식을 습득함으로써 올바른 대처 방안을 세우고 유아를 지도하는데 도움이 된다.

③ 교육집단 내에서 지도해야 한다.

의사소통 장애는 유아를 집단에서 볼 경우에는 빠뜨리게 되는 경우가 많다. 장애의 형태와 치료의 진행 상태에 따라 배려하여야 한다. 특히 의사소통 장애로 인해 집단 내에서 소외되지 않고 잘 적응하도록 지도하는 것이 중요하다.

④ 언어치료사와 협력해야 한다.

유아교육의 전문가라 할지라도 언어장애에 대해서는 전문가가 아니므로 언어치료사의 의견을 존중하는 태도가 필요하다. 의문점은 항상 확인하고 교육현장에서의 의견을 적극적으로 제시하며 조기에 치료사의 진단과 치료를 받을 수 있도록 배려하여야 한다(박화문 외 6인, 2001).

(2) 언어활동에의 참여기회의 제공

장애유아들이 풍부한 언어활동에 참여하도록 격려한다. 장애가 있는 유아들은 또래들과의 상호작용을 가질 기회가 적다. 따라서 그들은 대화기술의 부족을 경험하게 된다. 장애가 있는 유아들의 대화기술을 촉진시키기 위해 인형을 이용하여 말하도록 유도하거나 극 놀이에 참여하도록 격려한다.

극놀이에 적극적으로 참여하기 위해서 미리 유아가 놀이영역을 둘러보고 그 영역들에 익숙하도록 한다. 충분히 영역들을 탐구할 시간을 주고 각 유아들이 놀이에서 맡을 역할들을 담당하여 지도하게 한다. 일반 유아들에게 장애유아가 지닌 어려움을 소개하고 함께 놀이하며 도움이 필요한 경우 도움을 제공할 수 있도록 장애 체험활동을 계획해본다.

① 장애유아의 반응격려

장애유아들이 다른 아동들에게 반응하도록 격려한다.

② 언어모델의 제공

교사는 장애유아의 모델이 되어야 한다. 교사는 장애유아들을 관찰하고 그들과 상호작용하면서 유아의 행동을 자연스럽게 묘사하고 서술해준다. "너는 모래를 파고 있구나". "모래 구멍안에 있는 건 손이구나"같은 교사의 서술은 유아의 행동을 묘사해주고 행동의 의미를 알게 한다. 또한 교사 자신의 하는 행동도 자연스럽게 이야기 해준다. 예를 들면, 유아의 지퍼를 채우면서 "지퍼를 이렇게 양손으로 잡고 길이를 맞추고 있어". "왼손으로 잡고 오른손으로 지퍼를 올리는 거야"

③ 단어학습을 위한 경험의 제공

단어의 수를 늘려갈 수 있도록 사물 개념을 위한 단어들을 학습하도록 구체적인고 실질적인 경험을 제공한다. 예를 들면, 간식 시간이 끝난 후 정리하면서 "치우다"를 간식 먹기 전 손 씻기를 하면서 깨끗하다" 혹은 "닦다"라는 단어를 알려주면 훨씬 쉽게 단어의 의미를 이해할 수 있다. 이때 반복된 일상 경험과 매치하면 빨리 습득 가능하다.

④ 흥미로운 언어활동의 제공

언어사용에 흥미와 즐거움을 줄 수 있는 이야기, 노래, 손유희 등을 사용한다. 특히 책이나 동시 이야기, 노래 등에서 반복되는 재미난 구절은 장애유아에게 언어의 리듬패턴을 인식하도록 돕는다.

⑤ 언어사용 기회의 제공

장애유아들이 배운 언어를 적용하고 사용할 상황을 제공해준다. 예를 들면 실외놀이 시간에 공놀이를 하면서 장애 유아가 "공놀이 하자"라고 말했다면 "나는 너랑 공놀이 하고 싶어"라는 식으로 말을 확장시킬 것을 격려한다.

⑥ 다양한 언어의 소개

일반 유아들에게 언어에는 다양한 종류가 있다는 것을 이해하도록 돕는다. 우리 한글 외에 영어, 일본어, 중국어 등과 같은 외국어도 있고 수화와 점자도 있다는 것을 소개 한다(강성화, 김경회, 2008).

다음은 정확한 발음을 위한 훈련이기도 하고 부정확한 발음을 예방하기 위한 입 운동이다.

(3) 구강 에어로빅

① 입술 운동

입술 훈련
위, 아래 입술을 입안으로 넣는다.
입술 모양을 둥글게 한다.
위 두 동작을 8회 반복

② 미소 짓기

/u/하듯이 입술을 내민다.
/i/하듯이 미소를 짓는다.
위 동작을 8회 반복

③ 입술 차기

뽀뽀하기
천천히 하던 것을 빨리 하기

④ 입술 개폐

/pa/을 하듯이 입을 크게 벌린다(최불암씨 웃음).
빨리 한다(가능한 빨리).

⑤ 억지웃음과 미소 짓기

입술을 꼭 다문다.
/i/하듯이 웃는다(8회).

⑥ 미소 짓기와 얼굴 찡그리기

미소를 지으며 입술을 옆으로 벌린다(8회).
슬픈 표정을 지으며 양 입술을 내린다.

⑦ open says me

입을 크게 벌림
반복한다(8회).

⑧ 입 삐쭉거리기

아래 입술로 윗입술을 덮는다.
위 입술로 아래 입술을 덮는다.
위 동작을 8회 반복

⑨ 편입술 올리기

오른쪽 입술 끝을 위로 올린다(8회).
왼쪽 입술 끝을 위로 올린다(8회).

⑩ 혀 탐색 운동

이 훑기	혀 펴기
위/아래로 하기	혀 올리기
입술 핥기	턱 내리기
혀 밀기	볼 밀기
위로 밀기	원숭이 입 만들기

생각해 보기

❶ 첫 낱말이 늦은 유아는 발음이 나쁜 경우가 많다. 이유는 무엇인가?
❷ 말이 늦은 유아는 발음도 나쁘고 이후 발달에 어떤 역영향을 미치는가?

상담 및 지도 연습

호소문제 어린이집에서 통 말을 하지 않으며, 자주 친구들을 깨물거나 때리거나 물건을 가져가거나 하는 식의 문제 행동을 나타내는 38개월 남아이다. 부모는 담당보육교사의 조언에도 집안이 말이 늦게 터지는 내력이 있다면서 대수롭지 않게 여겼다. 그 사이에 유아의 행동은 더욱 거칠어지고 친구를 때리는 빈도도 늘어났다.

목표행동

대처법

제8장

자폐 스펙트럼 장애

사례

부부 교사입니다. 저희 아이는 외동이로 만 4세 9개월입니다. 그런데 같은 말만 반복하고 특이한 손동작을 반복하기도 합니다. 엄마가 화장실에 가면 무섭다면 엄마가 일을 볼 때도 화장실문을 열어 두라고 요구하고 만약 문을 닫으면 울고 불고 떼를 부립니다. 어린이집을 한 2년 이상 다니다 올 3월에 유치원으로 바꾸었는데 담당교사께서 발달이 넘 느리고 문제 행동이 자폐를 의심하신다며 검사를 받아 볼 것을 조언하셨습니다. 어린이집을 다니는 동안엔 전혀 들은 바 없는 이야기라 첨엔 상당히 당황스럽고 놀랍고 화가 나기도 했습니다.

1. 정의 및 특성

자폐 스펙트럼 장애는 초기 아동기부터 상호 교환적인 사회적 의사소통과 사회적 상호작용에 지속적인 손상을 보이는 한편 행동 패턴, 관심사 및 활동의 범위가 한정되고 반복적인 것이 특징인 신경발달 장애의 한 범주이다. DSM－IV와 ICD－10에서는 광범위성 발달 장애 범주 하에 자폐성 장애, 아스퍼거 장애, 레트장애, 소아기 붕괴성 장애, 달리 분류되지 않은 광범위성 발달 장애 등으로 구분했다. 하지만 최근 출시된 DSM－V에서는 이들을 각기 독립된 장애가 아닌 동일한 연속선상에서 자폐 상태의 심각도나 지능 및 심리 사회적 발달의 정도에 따라 발현되는 임상 양상에 차이가 있다고 보아 자폐 스펙트럼 장애로 개정했다. 또한, 이 장애에 지능의 손상, 의학적 또는 유전적 상태나 환경적 요인 등이 수반되는지 여부, 이 장애와 연관된 다른 신경발달 장애 또는 정신행동 장애, 운동장애가 있는지 여부 등에 따라 세분화할 수 있다.

초기 발달단계에서부터 대인 관계에 관심이 부족하고 사회적 상호작용에 어려움을 보이는 양상, 언어 사용이 제한적이거나 부적절하고 독특하여 의사소통에 어려움을 보이는 양상, 그리고 관심의 범위가 한정되어 있고 특이하며 엉뚱한 반복 행동을 보이는 양상 등이 지속되어 부적응을 초래하는 경우를 일컫는 '자폐'라는 말은 일반인도 익숙하게 접하는 정신장애 관련 용어 중 하나이다.

자폐증이 독립적인 정신장애로 주목받기 시작한 것은 1943년 캐너(Kanner)의 <정서적 접촉에서의 자폐적 장해(Autistic Disturbance of Affective Contact)>라는 논문에서 비롯된다. 캐너는 대인 관계 문제, 언어 및 의사소통 문제, 반복적인 행동 패턴 등을 보이는 아동들의 사례를 보고하며 '초기 유아기 자폐증(early infantile autism)'이라고 명명했다. 이 논문에 자극을 받아 많은 아동 정신병리학자들이 자폐증의 개념 및 정의, 주요 증상, 원인, 경과, 평가방법, 치료기법 등에 대해 다양한 연구를 진행했다(심리학용어사전, 2014. 4., 한국심리학회).

자폐 스펙트럼 장애는 발병 연령과 패턴이 중요하다. 이에 해당하는 증상은 일반적으로 12~24개월 무렵에 나타나며, 지능을 비롯한 발달이 매우 더딘 경우라면 12개월 이전에도 알아차릴 수 있다. 하지만 영유아기 때 나타나는 증상은 만 2세 이후 나타나는 증상보다 더 미묘하고 알아차리기 어려우며, 막연히 걱정이 되더라도 아직 어리기 때문이라고 여기며 두고 보는 경우가 많다. 초기 아동기 또래와의 상호작용 기회가 늘면서부터 증상은 더 명백하게 드러난다. 대개는 언어 발달의 지연이 가장 먼저 눈에 띄며, 이후 사회적 관심이 부족하다거나 특이하게 논다든지 독특한 의사소통 패턴을 보이는 등 상호작용의 문제가 드러난다.

독특하고 반복적인 행동도 만 2세경부터 눈에 띄기 시작해 연령이 증가할수록 점점 더 분명해지는데, 특정 활동을 지나치게 선호한다거나 같은 행동을 반복하는 것(같은 음식, 같은 놀이, 같은 TV 프로그램 등)을 즐긴다. 초기 아동기에서부터 초등학교 저학년 무렵까지는 이와 같은 증상이 점점 더 심해지기도 하지만, 일정 수준의 학습, 보상 전략 습득이 이루어지면서 대개는 발달적 향상을 보인다. 다만, 연령에 비례해 발달하는 속도가 더디다 보니 청소년기를 지나 성인기에 이르러서도 연령에 기대되는 사회적 행동이나 직업 역할 수행은 어리고 미숙하다.

지적능력 및 언어능력은 예후에 매우 중요하다. 지능을 비롯해 여타 발달 상태가 양호한 경우에는 학령기 동안 습득한 지식, 보상 전략을 바탕으로 학교 장면과 같이 구조화된 상황에서 어느 정도 적응해 나가기 때문에 성인기가 되어서야 비로소 적응상의 문제가 두드러지고 뒤늦게 치료 장면을 찾기도 한다. 이에 비해 지적장애나 언어장애가 동반된 경우에는 이로 인해 사회적 기술이나 보상 전략 습득에 더 큰 어려움이 초래되어 예후가 좋지 않다.

자폐 스펙트럼 장애로 폭넓게 진단할 경우, 여러 국가에서 유병률이 1% 정도로 보고되며, 남성이 여성보다 4배 이상 많다. 임상 장면에서는 자폐 스펙트럼 여아에서 남아보다 지적장애가 동반되는 경우가 많이 발견된다. 다만, 이와 관련해서는 지적장애나 언어 문제가 동반되지 않는 자폐 스펙트럼 여아의 경우 남아보다 사회적 상호작용의 문제나 상호 교환적 의사소통의 문제가 상대적으로 덜 드러나 치료 장면을 적게 찾을 가능성을 고려해 볼 수 있겠다(APA, 2013).

자폐 스펙트럼 장애(Autisim Spectrum Disorder)는 사회적 상호작용과 의사소통 기술에 지속적인 결함을 나타내는 장애를 말한다. 일반적으로 초기 발달기에는 증상이 나타나지 않으며, 흔히 지적장애와 연관된다. 사회적 상호작용에서의 지적장애, 질적인 의사소통 장애, 제한적이고 반복적이며 상동증적 행동이나 관심 등의 특징을 보인다.

① 사회적 상호작용의 결함

- 유아기부터 부모를 알아보거나 눈 맞춤이 없음.
- 사회적 미소가 없음(의미 있는 미소, 즉 편안하고 익숙한 엄마를 보며 웃는 모습은 사회적 미소이지만 늘 배시시 웃는 것은 배냇짓으로 그냥 의미 없는 근육의 움직임이지 의미 있는 미소가 아니다).
- 사람 혹은 사회적 상호작용 대신 사물에 높은 집착을 보임.
- 타인을 시각, 공간적으로는 지각하나 마음을 읽지 못함.
- 다른 사람의 행복감에 대해 기뻐하는 능력이 현저히 떨어짐.
- 부모와의 상호작용이 결여됨.

② 의사소통의 장애

- 구어의 발달(옹알이가 없거나 적음)이 있거나, 옹알이나 말할 때, 음색, 음률, 리듬이 비정상적임.
- 이상한 단어나 구절을 사용하거나 반향어(산의 메아리처럼 말을 따라함. 어조도 똑같이 해서)나 대명사 사용의 혼란이 있음(나와 너를 구분하지 않고 씀. 예를 들면, 너 밥먹었니? 라고 하면, 나는 밥을 먹었습니다. 혹은 밥 먹었어요 혹은 응, 예, 아니오 등등의 표현을 맞지만 장애아동은 너 밥먹었다라는 식. 거의 나 라는 대명사가 사용되지 않는다).
- 몸짓이나 동작과 같은 비언어적 의사소통을 적게 사용하고 이해하는데 문제가 있음.
- 상대방과 함께 동일 대상에 주의를 기울이고 상호작용을 하는 능력이 부족함.
- 다른 사람에게 말을 걸거나 지속하는 능력에 현저한 장애가 있음.
- 불필요한 내용을 담거나 엉뚱한 주제로 옮겨 가기도 함.

③ 행동과 관심의 제한 및 반복성

- 몸을 앞뒤로 계속 흔들기, 발끝으로 걷기, 빙글빙글 돌기, 팔이나 손을 흔들기 등과 같은 고집스럽고 강박적이며 반복적인 행동을 지속함
- 반복적인 동작성 매너리즘(예 : 손이나 손가락으로 딱딱거림)을 보이기도 함.
- 특정 장난감, 진공청소기, 특정 숫자나 노래 집착과 같은 제한된 관심을 가짐.
- 가구 배치나 계획된 일정을 바꾸는 것에 분노하는 등 동일한 방식

의 행동에 병적인 집착을 보임(이순민, 2014).

그렇지만 정신장애 진단 분류 체계에서는 여전히 소아기에 나타나는 정신증(psychotic symptoms)과 자폐증을 개념적으로 명확히 구분되는 별도의 장애로 볼 것인지에 대해 논란이 많았다. 미국 정신의학회(American Psychiatric Association, APA)의 공인 진단 분류 체계인 DSM－II(APA, 1968)조차 자폐증을 여전히 '조현병, 소아기형(Schizophrenia, childhood type)'에 포함시켰다. 자폐증의 다양한 임상 양상을 아우르는 '광범위성 발달 장애(pervasive developmental disorder)'가 독립적인 진단명으로 공인된 것은 DSM－III(1980)에서이다. 이후 DSM－IV(2000) 및 세계보건기구(World Health Organization, 이하 WHO)에서 공인한 ICD－10(WHO, 1992)에서도 '광범위성 발달 장애'의 범주 하에 '자폐성 장애', '아스퍼거 장애', '레트장애', '소아기 붕괴성 장애', '달리 분류되지 않는 광범위성 발달 장애' 등을 포함했다. 나아가 최근 개정된 DSM－V(2013)에서는 자폐 스펙트럼 장애(autism spectrum disorder)로 통합했다.

④ 진단적 개념의 변화 : 소아기 정신증과 자폐 스펙트럼 장애

진단적 개념	DSM-IV 진단명	DSM-V
초발성 치매 (Dementiapraecocissima : DeSanctis, 1906)	조현병(아동기) Schizophrenia(Childhood)	조현병(아동기) Schizophrenia(Childhood)
유아기 치매 (Dementiainfantilis : Heller, 1908)	소아기 붕괴성 장애 (Childdisintegrativedisorder)	자폐 스펙트럼 장애 Autismspectrumdisorder
초기 유아기 자폐증 (Earlyinfantileautism : Kanner, 1943)	자폐성 장애 (AutisticDisorder)	
자폐성 사이코패스 (Autisticpsychopathy : Asperger, 1944)	아스퍼거 장애 (Asperger'sdisorder)	
비전형적 성격 발달 (Atypicalpersonalitydevelop－ment : Rank, 1949)	달리 분류되지 않는 광범위성 발달 장애 (Pervasivedevelopmentaldisordernototherwisespecified)	
레트 증후군 (Rettsyndrome : Rett, 1966)	레트장애 (Rettdisorder)	

(심리학용어사전, 2014. 4., 한국심리학회)

2. 진단

DSM－V(2013)의 진단기준

A. 다양한 맥락에 걸쳐 사회적 의사소통과 사회적 상호작용의 결함이 지속적으로 나타나며 현재 또는 과거에 다음과 같은 양상으로 표현됨(예시된 내용은 증례 중 하나일 뿐 절대적인 것은 아님).

1. 사회적－정서적 상호작용 및 범위에서의 결함. 예를 들어 비정상적인 사회적 접근; 상호 주고 받는 대화를 정상적으로 나누지 못함; 관심이나 감정, 정서를 공유하지 못함; 사회적 상호작용을 개시 또는 반응하지 못함.
2. 사회적 상호작용을 위해 사용되는 비언어적 의사소통 행동에서의 결함. 예를 들어, 언어적 비언어적 의사소통을 잘 통합하지 못함; 눈맞춤과 신체적 언어 사용이 비정상임 또는 제스처 이해와 사용에서의 결함; 얼굴 표정과 비언어적 의사소통이 전반적으로 결여
3. 관계를 발달시키고 유지하고 이해함에 있어서 결함. 예를 들어, 다양한 사회적 맥락에 맞게 행동을 조정하는 데에 어려움을 보임; 상상 놀이를 공유하거나 친구 사귀기에 어려움을 보임; 또래들에 대한 흥미 결여

현재의 심각도에 대한 세분화 : 심각도(severity)는 사회적 의사소통의 손상 및 제한적이고 반복적인 행동 패턴에 근거함

B. 제한적이고 반복적인 행동 패턴이나 관심, 활동이 현재 또는 과거에 다음과 같은 항목들 중 적어도 두 가지 이상으로 표현됨(예시된 내용은 증례 중 하나일 뿐, 절대적인 것은 아님).

1. 상동증적, 반복적인 동작 운동, 사물의 사용 또는 언어 사용(예를 들어, 단순 상동증적 운동; 장난감을 줄 세워 놓음; 사물을 툭툭 던짐; 반향어증; 개인 특유의 문구 사용 등)
2. 같은 방식을 요구함, 일상적 활동을 융통성 없이 고수함, 의례적인 언어적 또는 비언어적 행동 패턴(예를 들어, 사소한 변화에도 극도로 고통스러워 함; 변화를 어려워함; 사고방식이 경직되어 있음; 의례적인 행동; 매일 같은 길로만 다니려고 하거나 같은 음식만 먹으려고 함)
3. 흥미가 매우 제한적이며 고정되어 있는데, 흥미의 강도나 초점 면에서도

비정상임(예를 들어, 특이한 사물에 대해 강한 애착 또는 집착을 보임; 흥미가 지나치게 한정되어 있고 반복적임).

4. 감각 입력이 과도하게 활성화되거나 과소 활성화됨. 또는 환경 내에서 특정 감각 양상에 특이한 관심을 보임(예를 들어, 고통/온도에 명백하게 무관심함; 특정 소리, 재질에 혐오 반응을 보임; 사물을 지나치게 냄새 맡거나 만짐; 빛이나 움직임을 주시하고 시각적으로 즐김).

현재의 심각도에 대한 세분화 : 심각도(severity)는 사회적 의사소통의 손상 및 제한적이고 반복적인 행동 패턴에 근거함

C. 초기 발달 기간 동안 증상이 나타나야 함(다만, 제한된 능력을 넘어서는 사회적 요구가 있어야 비로소 명백하게 나타날 수 있음 또는 이후에 학습한 전략을 사용해 가장할 수 있음).

D. 증상이 사회적, 직업적 또는 현재 기능 중 여타의 중요한 영역에서 임상적으로 유의한 손상을 초래함.

E. 이러한 장해가 지적장애(지적발달 장애) 또는 전반적 발달 지연으로 더 잘 설명되지 않음. 지적장애와 자폐 스펙트럼 장애는 흔히 동반되어 나타남; 자폐 스펙트럼 장애와 지적장애, 사회적 의사소통 장애를 함께 진단내리려면, 예상되는 일반적인 발달 수준 이하여야 함.

주의 : DSM-IV의 자폐성 장애, 아스퍼거 장애, 또는 달리 분류되지 않는 광범위성 발달 장애로 확실하게 진단받은 사람이라면 자폐 스펙트럼 장애로 진단내릴 수 있다. 사회적 의사소통에 현저한 결함을 보이지만 자폐 스펙트럼 장애의 준거의 다른 증상에 해당되지 않는다면, 사회적 의사소통 장애에 대해 평가가 이루어져야만 한다.

세분화할 것 :

지적 손상이 동반됨 또는 동반되지 않음

언어 손상이 동반됨 또는 동반되지 않음

익히 알려진 의학적 또는 유전적 상태나 환경적 요인과 연관됨(부호화 주의 사항 : 관련된 의학적 또는 유전적 상태를 확인하여 추가적으로 부호화할 것)

다른 신경발달 장애, 정신장애 또는 행동장애와 연관됨(부호화 주의 사항 : 관련된 신경발달 장애, 정신장애 또는 행동장애를 확인하여 추가적으로 부호화할 것)

긴장증이 있음(다른 정신장애와 관련된 긴장증의 준거를 참고할 것)(부호화 주의 사항 : 긴장증의 공병이 확인되면 자폐 스펙트럼 장애와 연관된 긴장증에 대해 293.89[F06.1]을 추가 부호화할 것)

(심리학용어사전, 2014. 4., 한국심리학회)

DSM－V의 자폐 스펙트럼 장애는 캐너(Kanner)의 초기 유아기 자폐증에서부터 통용되는 고기능 자폐, 비전형적인 자폐증이라든지 DSM－IV의 아스퍼거 장애, 달리 분류되지 않는 광범위성 발달 장애, 소아기 붕괴성 장애 등을 모두 아우른다(APA, 2013). 자폐 스펙트럼 장애는 이와 같이 자폐 관련 장애들을 별개의 독립적인 장애가 아닌 동일한 연속선상에서 자폐 상태의 심각도나 지능 및 심리 사회적 발달의 정도에 따라 발현되는 임상 양상에 차이가 있다고 본다.

특히 사회적 의사소통 및 제한적, 반복적 행동에 따라 심각도를 세 단계로 구분하는데, 수준 3은 "매우 많은 도움과 지지가 필요함", 수준 2는 "상당한 도움과 지지가 필요함", 수준 1은 "도움과 지지가 필요함"이다. 또한 지능의 손상, 의학적 또는 유전적 상태나 환경 요인 등이 수반되는지 여부, 이 장애와 연관된 다른 신경발달 장애 또는 정신행동 장애, 운동장애가 있는지 여부 등에 따라 자폐 스펙트럼 장애를 세분화한다.

이전 자폐성 장애 진단 준거에서는 핵심 증상 중 하나인 의사소통의 질적인 이상과 관련해 언어 능력의 제한에 초점을 맞추어 기술했으나, DSM－V에서는 사회적 상호작용의 취약성을 더 광의의 개념으로 기술하며 언어적, 비언어적 의사소통 문제 역시 이러한 맥락에서 기술하고 있다. 또한 반향어를 비롯한 상동증적 언어 사용은 제한적이고 반복적인 행동 패턴 중 한 양상으로 보았다. 한편, 다른 증상 없이 사회적 상황에서 언어적, 비언어적 의사소통의 문제만 보이는 경우에는 의사소통 장애(communication disorder) 범주에 속하는 '사회적 의사소통 장애(social communication disorder)'로 분류했다.

자폐 스펙트럼 장애의 병인이 명확히 확인되지는 않았지만, 의학적 상태(예 : 간질) 또는 유전적 상태(예 : 레트 증후군, 취약성 X 증후군, 다운 증후군), 환경적 요인(예 : 태내 알코올 증후군, 출생시 저체중 등) 등의 취약성이 확인되었으며, DSM－V에서는 이에 따라 자폐 스펙트럼 장애의 진단을 세분화하도록 했다. 최근의 신경생물학적 연구를 통해 지속적인 원시적 반사 반응, 거두증(macrocephaly), 뇌 형태 및 세포 구조의 변화, 얼굴 지각을 담당한다고 알려진 방추상 안면 영역(fusiformfaceregion)의 반응성 감소 등이 보고되었다(Martin &Volkmar, 2007).

자폐 스펙트럼 장애에 대해 약물 치료를 포함해 행동 수정 기법, 교육적 개입, 정신 치료, 식이 요법 등 다양한 영역의 개입이 이루어지고 있으나, 이와 같은 개입 기법의 효과에 대해 체계적인 검증이 이루어지지는 못했다. 다만, 기본적인 사회적 의사소통 및 대인 관계 기술을 습득하기 위한 교육 프로그램, 부적절한 행동 문제를 감소시키고 적응 행동을 증가시키는 데에는 행동수정 기법이 유용하다. 특히, 이와 같은 프로그램은 매우 구체적이고 행동적 수준에서 이루어져야 하며, 주양육자가 조력자로 참여하여 장기간 유지할 때 효과적이다.

3. 국내 장애 판정기준

자폐 스펙트럼 장애에 대한 국내의 장애 판정기준을 살펴보면 다음과 같다(보건복지부, 2013).

- 1급 : ICD－10의 진단기준에 의한 전반성 발달 장애(자폐증)로 정상 발달의 단계가 나타나지 아니하고 IQ 70 이하이며, 기능 및 능력의 장애로 인하여 전반적 발달 척도(GAS) 점수가 20 이하인 사람.
- 2급 : ICD－10의 진단기준에 의한 전반성 발달 장애(자폐증)로 정상 발달의 단계가 나타나지 아니하고 IQ 70 이하이며, 기능 및 능력의 장애로 인하여 전반적 발달 척도(GAS) 점수가 21～40인 사람
- 3급 : ICD－10의 진단기준에 의한 전반성 발달 장애(자폐증)로 정상 발달의 단계가 나타나지 아니하고 IQ 71 이상이며, 기능 및 능력의 장애로 인하여 전반적 발달 척도(GAS) 점수가 41～50인 사람

자폐성 장애의 판정을 위해서는 의료 기관의 정신건강의학과(소아정신건강의학과) 전문의로부터 정확한 진단을 받아야 한다. 이때, 해당 전문의는 원인 질환 등에 대해 충분한 치료 후에도 장애가 고착되었음을 진단서, 소견서, 진료 기록 등으로 확인해야 한다.

자폐성 장애는 ICD－10에 근거해 자폐성 장애의 진단명을 확인함과 동시에 전문의의 임상적 판단 또는 자폐증 평정 척도(K－CARS)를 비롯해 다양한 자폐성 척도를 사용한 심각도 평정을 통해 자폐성 장애의 상태를 확인해야 하며, 이로 인한 정신적 능력의 장애 상태를 확인하여 종합적인 등급을 판정한다.

앞에서 기술한 자폐성 장애의 진단 및 재판정 시기는 다음과 같다.

- 전반성 발달 장애(자폐증)가 확실해진 시점(최소 만 2세 이상)에서 장애를 진단한다.
- 만 6세 미만에서 지적장애 판정을 받았다면 만 6세 이상～만 12세 미만에서 재판정을 실시해야 한다. 만 6세 이상～만 12세 미만 기

간에 최초로 지적장애 판정 또는 재판정을 받았더라도 향후 지적 장애 상태의 변화가 예상된다면, 만 12세 이상~만 18세 미만에 재판정을 받아야 한다.

- 수술, 치료, 의료적 조치 등으로 기능 회복이 예상되는 경우 장애 판정을 처치 후로 유보해야 한다. 단, 1년 이내에 국내 여건 또는 장애인의 건강 상태 등으로 인해 수술이나 치료 등을 하지 못하는 경우는 예외로 하되, 필요한 시기를 지정하여 재판정하도록 한다.
- 향후 장애 정도의 변화가 예상되는 경우 반드시 재판정을 받도록 한다. 재판정의 시기는 최초 진단일로부터 2년 이상 경과한 후로 하며, 2년 이내에 장애 상태의 변화가 예상될 때에는 장애 진단을 유보해야 한다.
- 재판정이 필요한 경우 장애 진단을 하는 전문의는 장애 진단서에 그 시기와 필요성을 구체적으로 명시해야 한다[이원혜(경희대학교 병원 정신건강의학과, 2014)].

DSM-V에서는 자폐장애가 자폐 스펙트럼 장애로 명칭이 변경되었고 자폐장애 진단기준에도 여러 가지 변화가 있었다. 첫째, 차원적 접근을 시도하면서 아스퍼거 장애와 달리 분류되지 않는 광범위 발달 장애는 자폐 스펙트럼 장애로 통합되었다. 둘째, 자폐장애의 3세 이전 발병 기준이 자폐 스펙트럼 장애에서는 초기 아동기로 완화되었다. 셋째, 자폐 스펙트럼 장애의 심각도 수준을 추가적으로 명시하였다. 넷째, 지적 손상의 유무, 언어적 손상의 유무, 알려진 의학적이거나 유전적 상태 또는 환경적 요인과 관련성, 기타 신경발달 장애, 정신장애 또는 행동장애와의 관련성 그리고 긴장병의 유무를 명시하였다. 다섯째, 레트장애와 아동기 붕괴성 장애는 삭제되었다. 여섯째, 사회적 의사소통에 뚜렷한 결함을 가졌으나 자폐 스펙트럼 장애의 기준에 맞지 않는 개인은 사회적 의사소통 장애로 진단될 수 있다(이순민, 2014).

4. 대처법

http://movie.naver.com

실제 자폐 스펙트럼의 특징을 아주 잘 표현한 영화이며, 실화를 바탕으로 한 영화로 장애의 특징을 잘 이해해 볼 수 있는 영화였다. 장애 특성상 상동 행동은 완벽히 제거하기 어렵고 상황이나 대상에 적응도를 높이는 것이 가장 적절한 대처법이다. 이 영화에서도 일상적으로 반복되지만 지켜야 할 자조기술에 대한 부분은 계속 언어로 암송하고 반복훈련을 하도록 함으로써 생활에 적응도를 높이도록 하고 있다. 위험에 대한 인지나 자신의 한계 설정에 제한이 있어 운동장을 100번 돌라고 하는 무심코 던진 코치의 말에 심장이 터질 지도 모를 정도로 무리하게 지속하는 모습을 보이면서 좋아하는 활동은 열심히 하는구나 하는 감동보다는 이 장애의 특징을 엿볼 수 있는 부분이라 더 걱정스럽기도 했다. 유아의 경우 실제로 자동차에 대한 위험인지가 되지 않아 조금만 주의를 소홀히 하면 도로 한 복판으로 유아가 나가는 경우도 있고 높은 난간에 서있기도 한다. 그래서 교육이나 치료 시 위험에 대한 교육이나 훈련이 가장 먼저 선행되어 할 내용이기도 하다.

다음은 잔트만아동청소년상담센터에 내원했던 아스퍼거 증후군로 의심되는 6세 남아의 JTCI검사결과이다. 아스퍼거 증후군은 언어발달은 또래와 별 차이가 없는 반면 다른 행동 특성들은 자폐적 특성과 동일할 때 흔히 진단된다. 그러나 언어표현이 원활한 경우라 자칫 자폐 스펙트럼 장애의 범주에 속하는 것인지 자주 혼돈되는 장애이기도 하다.

마음사랑에서 개발된 아동용 성격검사인 JTCI 결과 자극추구, 위험추구는 중간이고 사회적 민감성은 낮으므로 경계선적 성격장애로 나타났다.

① **기질유형** : M－M－M(Intermediate Adaptive optimum)

－다양한 상황에서 융통성 잇고 탄력 있게 대처할 수 있는 잠재력이 있다.
－새로운 자극을 흥미를 가지고 탐색하지만 쉽게 흥분하거나 성급하게 몰입하지는 않는다.
－반복적인 일상도 잘 참아 낼 수 있다.
－자신에게 가장 유익하고 적응적인 행동을 선택한다.
－감수성이 아주 풍부하지는 않아도 타인의 감정과 아픔을 이해하고 공감할 수 있다.

–감정의 기복이 적으며, 평온한 감정상태를 유지할 수 있다.

② **성격유형 : M–M–H(High Self–Transcendence)**

–한 개인으로서의 자신의 중요성을 과대평가하지 않는 겸손한 사람이다.
–자신과 직접적인 관련이 없는 곳에서의 전쟁, 기아, 불의 등을 방지하려고 노력하거나 자연에 대한 애정으로 인해 환경문제에 헌신적인 모습을 보이는 등 이 세상을 더 나은 곳으로 만들기 위해 개인적 희생을 기꺼이 감수한다.
–세상을 있는 그대로 받아들이는 편으로 굳이 통제하기 위해 안간힘을 쓰지 않는다.
–물질적인 소유에 덜 집착함. 현실감이 부족하여 인상주의자로 인식되기도 함.
–인간이 겪어야 할 죽음이나 고통에 대해서 상대적으로 더 초연한 태도를 보일 수 있음.

기질적으로 사회적 민감성이 백분위 점수로 29.3으로 성격장애로 발전할 가능성이 45%라는 보고도 있다. 사회적 보상신호(타인의 칭찬, 찡그림 등)와 타인의 감정(희노애락, 고통 등)에 대한 민감성에서의 개인차를 측정하기 위한 척도이다. 이 점수가 낮은 사람은 실용적이고 강인하며 타인의 감정에 둔감하고 무관심하며 냉정한 사람으로 기술된다. 혼자 있는 것에 만족하고 남과의 교류를 먼저 시작하는 경우가 드물다. 오히려 남과 거리를 유지하는 것이 더 편하고 자신과 타인의 공통점을 찾는데 더 어려움을 느낀다. 이들은 또한 사회적 압력이나 비판에 대해서도 둔감하기 때문에 타인의 영향을 덜 받는다.

장점은 감성적 호소로부터 독립성을 유지할 수 있기 때문에 남을 기쁘게 하기 위해서 혹은 소망적 사고에 의해서 현실을 이탈하지 않고 객관적인 견해를 유지할 수 있다는 점이다. 이런 사회적 분리 성향은 자신에게 유익한 사회적 친분을 맺는데 방해가 된다는 점에서, 다른 한편으로 단점이 될 수 있다. 사회적 단서에 둔감함으로써 이들은 타인의 감정과 의견을 제대로 이해하지 못하고 자기중심적인 견해를 취할 수 있다.

–감정에 쉽게 영향을 안 받는, 정서적으로 차가운, 둔감하고 실용적인, 혼자 지내는, 거리를 두고 떨어져 지내는, 독립적임.

RD2(정서적 개방성)–낮은 사람은 남들에게 먼저 다가가지 않고 자신을 잘 드러내지 않는다. 다른 사람들과 친해지는데 시간이 오래 걸린다.

RD3(친밀감/거리두기)–높은 사람은 개인생활보다는 친밀한 관계를 더 선호한다. 타인의 거부나 모욕에 대해 더 예민한 경향을 보임. 자신의 경험이나 감정을 혼자 간직하기보다는 가까운 사람들에게 털어놓고 이야기하기를 더 좋아한다.

RD4(독립)–낮은 사람은 다른 사람에게 의존적이지 않고 다른 사람의 정서적 지지나 인정을 적극적으로 구하려 하지도 않는다. 사회적 압력이나 배척, 비판에 대해서 별로 예민하지 않다. 정서적 지지나 보호를 얻기 위해서 특별히 남을 기쁘게 하려고 애쓰지 않는다.

성격에서 자율성이 백분위점수로 33.3으로 낮다.

미성숙하고 약하며 상처받기 쉽고 비효율적이고 책임감도 부족하고 신뢰할만하지 않다고 함. 다른 사람이 일을 대신해주거나 함. 내적으로 조직화된 원칙이 부족해서 의미 있는 목표를 정의하고 성절하고 추구하는데 어려움을 보인다.

–책임을 전가하는, 목적의식이 없는 무능한, 공허한, 훈련이 안됨

자기초월이 백분위 점수 78.3으로 높은 편이다. 내담자의 프로파일에서는 가장 높다.

–자기를 잊는, 묵묵히 따르는, 영적인, 밝게 열려있는, 이상주의적인 영성–종교적이거나 신비한 주제에 대한 이야기에 관심이 많으며, 눈에 보이지 않는 세계, 죽음, 삶, 천사 등에 대한 생각을 많이 한다. 때로는 추상적인 생각을 하는 것처럼 보이기도 한다. 자신의 주변 세계에 관심이 많아서 자신의 방이나 주변 사람의 작은 변화도 금방 알아차린다.

검사 결과에 나타나난 것처럼 사회적 신호를 인식하고 이해하는 부분이 상당히 어려웠고 남들과 다른 주제에 과도하게 몰입하는 모습을 보이는 유아였고 그 부분이 부모를 가장 힘들게 하는 부분이기도 했다. 치료 및 교육을 1년 이상 실시한 후 치료 방향의 점검을 위해 실시된 검사였다(잔트만아동청소년상담센터, 2012).

생각해 보기

❶ 3~4세 남아인데 까치발을 들고 걸어 다닙니다. 그럼 이 유아도 자폐인가요?
❷ 우리 사촌 동생은 5세인데 CF에 나오는 노래를 그대로 따라 부릅니다. 정말 컴퓨터처럼 말이죠. 그럼 이 아이도 자폐를 의심해봐야 하나요?
❸ 자폐적 특징과 발달적 특징의 구분은 어떻게 하는 것인가?

상담 및 지도 연습

호소문제	저희 아이는 외동이로 만 4세 9개월입니다. 그런데 같은 말만 반복하고 특이한 손동작을 반복하기도 합니다. 엄마가 화장실에 가면 무섭다면 엄마가 일을 볼 때도 화장실문을 열어 두라고 요구하고 만약 문을 닫으면 울고불고 떼를 부립니다.
목표행동	
대처법	

제9장

주의력결핍 과잉행동 장애(ADHD)

사례

저는 서울시 소재 유치원에서 5세반을 담당하고 있는 교사입니다. 저희 반에 한 아이가 수업중에 늘 딴짓을 합니다. 뭘 하자고 하면 도망다니기 일쑤고 혼자 돌아다니고 이상한 소리를 내기도 합니다. 어떨 땐 굉장히 집중해서 수업에 참여하고 어떨땐 전혀 어떤 소리도 안들리는 듯 자기 맘대로 교실을 휘젓고 다닙니다. 그 아이만 보는 것도 아니고 다른 27명의 친구들도 보면서 그 친구를 다루려니 여간 힘이 드는 것이 아닙니다.

1. 정의

주의력결핍 과잉행동 장애는 동등한 발달 수준에 있는 아동에 비하여 주의력과 과잉행동의 정도가 심하게 일탈되며 그러한 정도가 장애의 진단 기준을 충족시킬 때 내려지는 진단명이다. 정신장애의 진단 및 통계 편람－제4판(DSM－IV)에 따르면 대개 7세 이전에 발견되며, 적어도 아동이 속하는 두 가지 이상의 상황(가정 · 학교 · 유치원 · 작업장)에서 존재하여야 한다.

① 주의력결핍 우세형, ② 과잉행동 · 충동성 우세형, ③ 복합형, ④ 주의력결핍과 과잉행동 증상이 뚜렷하게 나타나기는 하지만 진단기준을 충족시키지는 않는 기타 유형으로 분류할 수 있다(특수교육학 용어사전, 2009. 국립특수교육원).

그러나 DSM－V에서는 주의력결핍 과잉행동 장애의 증상을 부주의와 과잉행동－충동성으로 두 부분으로 나누어서 진단기준을 제공하였으며, 각 증상마다 세부적 예시를 들었다. 그리고 DSM－IV－TR에서는 기준B에서 부주의 또는 과잉행동－충동 증상이 7세 이전에 있다고 되어 있었으나 DSM－V에서는 12세 이전으로 나이가 변경되었다. 또한 DSM－V에서는 후기 청소년과 성인의 주의력결핍 과잉행동 장애에 대한 진단기준이 추가되었다(이순민, 2014). 이제 더 이상 유아동기에만 출현하는 장애로 한정되지 않는다는 의미다.

주의산만, 충동성, 흥분성 및 지나친 활동을 보이는 장애로서 또래 및 학업의 곤란을 경험하고 어른의 요구에 따르지 못하는 특징을 보인다. 학습문제, 정서문제 및 대인관계에 어려움이 나타날 수 있다.

① 학습문제

지적 잠재력에 비해 학교 성적이 낮고, 과제 수행 능력이 부족하며, 학교 활동의 참여율이 낮아지게 됨.

② 정서문제

지속적으로 꾸중이나 부정적인 피드백을 경험하게 되면서 자아존중감이 낮아지고 좌절감 및 우울감. 반항적 태도나 행동을 보임.

③ 대인관계

상대방에 대한 배려가 부족하면서 문제아로 인식되기도 하고, 또래와의 관계가 원활하지 않을 수 있음. 교사나 부모와의 관계가 악화되기도 함.

2. 진단

DSM－V의 주의력결핍 과잉행동 장애 진단기준

A. 다음의 (1) 그리고/또는 (2)로 특징지어지는 것처럼, 기능 또는 발달을 방해하는 부주의 그리고/또는 과잉행동－충동성의 지속적 패턴

1. 부주의 : 다음 증상 가운데 여섯 가지(또는 그 이상)가 발달 수준에 부합되지 않고 사회적 및 학업적/직업적 활동에 직접적으로 부정적 영향을 주는 정도로 적어도 6개월 동안 지속됨

주 : 증상들이 단지 저항하는 행동, 반항, 적개심 또는 과제나 지시를 이해하지 못한 것을 보여 주는 징후는 아님. 후기 청소년이나 성인(17세 이상)에게는 적어도 다섯 가지 증상들이 요구됨

a. 흔히 세부적인 면에서 면밀한 주의를 기울이지 못하거나, 학업, 작업, 기타 활동 중에 부주의한 실수를 저지름(예시 : 세부 사항을 간과하거나 놓침, 작업이 정확하지 못함)
b. 흔히 과업이나 놀이 활동에 주의 집중을 지속하기 어려움(예시 : 강의, 대화, 긴 독서 중에 집중을 유지하기가 어려움)
c. 흔히 다른 사람이 직접 말을 걸 때 경청하지 않는 것으로 보임(예시 : 뚜렷하게 집중을 방해하는 것이 없음에도 불구하고 정신이 다른 곳에 가 있는 것처럼 보임)
d. 흔히 지시를 완수하지 못하고, 학업, 잡일, 또는 작업장에서의 임무를 수행하지 못함(예시 : 과업을 시작하지만, 곧 초점을 잃고 쉽게 옆길로 빠짐)
e. 흔히 과업과 활동을 체계화하지 못함(예시 : 순차적인 과업을 처리하는 데 어려움, 자료와 소지품을 정리하는 데 어려움, 지저분하고 정리되지 않은 업무, 형편없는 시간 관리
f. 흔히 지속적인 정신적 노력을 요구하는 과업에 연관되기를 피하고, 싫어하고, 꺼림(예시 : 학업 또는 숙제, 후기 청소년이나 성인에게는 보고서 준비, 서식 작성하기, 긴 서류 검토하기)
g. 흔히 과업이나 활동하는 데 필요한 물건들을 잃어버림(예시 : 학교 자료, 연필, 책, 지갑, 열쇠, 서류, 안경, 핸드폰)
h. 흔히 외부의 자극에 의해 쉽게 산만해짐(후기 청소년이나 성인에게는 관련 없는 생각들이 포함될 수 있음)
i. 흔히 일상적 활동을 잊어버림(예시 : 잡일을 함, 심부름을 함, 후기 청소년과 성인에게는 회답 전화 하기, 고지서 내기, 약속 지키기)

2. 과잉행동과 충동성 : 다음 증상 가운데 여섯 가지(또는 그 이상)가 발달 수준에 부합되지 않고 사회적 및 학업적/직업적 활동에 직접적으로 부정적 영향을 주는 정도로 적어도 6개월 동안 지속됨(주 : 증상들이 단지 저항하는 행동, 반항, 적개심, 또는 과제나 지시를 이해하지 못한 것을 보여주는 징후는 아님. 후기 청소년이나 성인(17세 이상)에게는 적어도 다섯 가지 증상들이 요구됨)

a. 흔히 손발을 가만히 두지 못하거나 톡톡 두드리고, 혹은 자리에 앉아서도 몸을 꿈틀거림
b. 흔히 앉아 있도록 요구되는 상황에서 자리를 떠남(예시 : 교실, 사무실이나 다른 작업장, 또는 자리에 앉아 있는 것이 요구되는 다른 상황에서 자기 자리를 떠남)
c. 흔히 부적절한 상황에서 바삐 뛰어다니거나 기어오름(주 : 청소년이나 성인에서는 안절부절 못하는 느낌으로 제한될 수 있음)
마감기한을 맞추지 못함
d. 흔히 조용히 여가 활동에 참여하거나 놀지 못함
e. 흔히 마치 '전동기로 움직이는 것'처럼 행동하며, ' 끊임없이 바쁨'(예시 : 음식점, 회의에서처럼 긴 시간 동안 가만히 있는 것이 불가능하거나 편안하지 않음, 안절부절 못하거나 따라가기 어렵다고 다른 사람들이 느낄 수 있음)
f. 흔히 지나치게 수다스러움
g. 흔히 질문이 채 끝나기 전에 불쑥 대답함(예시 : 사람들의 문장을 자신이 끝맺음, 대화 중에 자기 차례를 기다리지 못함)
h. 흔히 순서를 기다리지 못함(예시 : 줄을 기다리는 동안)
i. 흔히 다른 사람의 활동을 방해하고 간섭함(예시 : 대화, 게임, 활동에 참견함, 허락을 구하거나 받지 않고 다른 사람의 물건을 쓰기도 함, 청소년이나 성인은 다른 사람이 하는 것을 함부로 침범하거나 탈취할 수도 있음)

B. 여러 부주의 또는 과잉행동－충동 증상들이 12세 이전에 있었음
C. 여러 부주의 또는 과잉행동－충동 증상들이 두 가지 이상의 환경에서 존재함(예시 : 집・학교・직장에서, 친구들 또는 친척들과 함께 있을 때, 다른 활동 중에)
D. 사회적・학업적・직업적 기능에 지장을 주거나 이러한 기능의 질을 낮춘다는 확실한 증거가 있음
E. 증상들이 정신분열증 또는 다른 정신병적 장애의 경과 중에만 오직 발생하지 않으며, 다른 정신장애(예시 : 기분장애, 불안장애, 해리성 장애, 성격장애, 물질 중독 또는 금단)에 의해 잘 설명되지 않음

어느 것인지 명시할 것 :

복합형 : 지난 6개월 동안 기준 A1(부주의)과 A2(과잉행동－충동)에 모두 부합하는 경우

부주의 우세형 : 지난 6개월 동안 기준 A1(부주의)에는 부합하지만, A2(과잉행동－충동)에는 부합하지 않는 경우

과잉행동－충동 우세형 : 지난 6개월 동안 기준 A2(과잉행동－충동)에는 부합하지만, A1(부주의)에는 부합하지 않는 경우

만약 해당된다면 명시할 것 :

부분관해 : 이전에는 모든 기준이 부합되었으나, 지난 6개월 동안에는 부합하는 기준이 적을 때, 그리고 그 증상이 여전히 사회적 및 학업적/직업적 기능에 손상을 초래할 경우

현재의 심각도를 명시할 것 :

가벼운 정도 : 진단을 내리는 데 필요한 것 이상의 증상이 만일 있다 하더라도 거의 없으며, 증상은 사회적 또는 직업적 기능에 가벼운 손상 이상을 초래하지 않음

중간 정도 : 증상이나 기능적 손상은'가벼운 정도'와'심각한 정도'의 사이에 존재함

심각한 정도 : 진단을 내리는 데 필요한 것 이상의 증상이 많거나 특별히 심각한 여러 증상들이 존재하거나 또는 증상이 사회적 또는 직업적 기능에 뚜렷한 손상을 초래함

(이순민, 2014)

3. 특징

DSM−V에 제시된 진단기준을 유아동에 공통적인 특징으로 정리해보면 다음과 같다. 기본적인 지능은 정상수준이며 다른 일차적인 장애에 근거하지 않아야 한다.

구분	내용
주의력결핍	• 학교 과제와 다른 활동에서 부주의한 실수를 함(예 : 알림장을 끝까지 적어 오지 못하거나 한 문장을 완성하기도 어렵다던가 하는 식) • 놀이 활동에서 집중이 곤란함(예 : 친구들이 소꿉놀이하면 소꿉놀이 기구를 만지작거리는 것 5초 이내 이내 옆 블록을 만지고 다시 그리기 도구를 만지작거리고.) • 상대편의 말을 경청하기 어려움(예 : 대화시에 집중해서 처음부터 끝까지 들어야 의미파악이 되는데 그러기가 어려워서 지시따르기가 어렵다. 심부름을 시키면 잘 하지 못한다) • 활동을 체계적으로 하는데 어려움을 가지고 있음(예 : 언제나 정리가 안 되어 있어 늘 물건을 제자리에 없고 계산을 할 때 물건 보여주고 돈 주고 거스름돈 받고 하는 식의 절차가 어려울 때도 있다) • 인내를 요하는 과제를 회피함 혹은 싫증냄(예 : 자리에 앉아서 경청을 하면서 활동을 이어가는 경우 쉽게 지루해지고 주리를 틀 듯 몸을 움직이고 팔다리를 꼼지락거리거나 흔드는 경우가 많다) • 물건을 자주 잃어버림(예 : 신발주머니, 장갑, 목도리 , 모자 등은 거의 매일 잊어버리고 다니고 필기구도 마찬가지인 경우가 많다) • 외부 자극에 쉽게 산만해짐(예 : 집중도가 짧아서 책을 펴고 5초도 안되어서 밖에 소리가 나면 쳐다보고 다른 친구

구분	내용
	들이 하는 행동에 금세 자기가 하던 일을 중지한다던가 하는 식) • 일상적인 일을 흔히 잊음(예 : 양치질을 빼먹거나 머리 빗는 걸 잊는다거나 매일 하는 일상들을 자주 잊어버림)
과잉행동	• 몸을 움직이지 않고 가만히 있지 못함. • 자리를 자주 이탈함. • 걷기보다는 뛰는 등 과다하게 움직임 • 말이 많음 • 마치 모터를 단 듯이 쉴새 없이 행동함
충동성	• 질문이 채 끝나기도 전에 대답함. • 차례나 규칙을 지키기 어려움 • 다른 사람을 방해함.

(잔트만아동청소년상담센터, 2016)

4. 검사

C.K.Conners의 주의집중력 결핍 평정척도(교사용)

날짜_______________ 이름____________

번호	문항	전혀 없다	약간 있다	조금 많다	아주 많다
1	잠시도 가만있지 못하고 불편한 듯 움직인다.	0	1	2	3
2	분위기에 적절치 못한 소리를 낸다.	0	1	2	3
3	자기가 요구하는 것은 당장 들어 달라고 졸라댄다.	0	1	2	3

번호	문항	전혀 없다	약간 있다	조금 많다	아주 많다
4	조심성이 없고 뻔뻔스럽다.	0	1	2	3
5	쉽게 화를 내고 기분 나는 대로 행동을 바꾼다.	0	1	2	3
6	비판을 받으면 과도하게 민감한 반응을 나타낸다.	0	1	2	3
7	주의 산만하여 집중시간에 문제가 있다.	0	1	2	3
8	다른 아이들을 방해한다.	0	1	2	3
9	혼자 꿈을 꾸는 듯이 멍청하게 있을 때가 많다.	0	1	2	3
10	쉽게 뾰루퉁하고 새침해진다.	0	1	2	3
11	기분이 쉽게 그리고 심하게 변한다.	0	1	2	3
12	잘 싸운다.	0	1	2	3
13	선생님이나 다른 어른들에게 아첨을 잘 한다.	0	1	2	3
14	잠시도 가만히 앉아 있지 못한다.	0	1	2	3
15	쉽게 흥분하고 충동적이다.	0	1	2	3
16	선생님의 주의를 지나치게 요구한다.	0	1	2	3
17	반 아이들에게 인기가 없다.	0	1	2	3
18	다른 아이들이 하자는 대로 잘 이끌린다.	0	1	2	3
19	놀이를 할 때 정직에 대한 개념이 없다.	0	1	2	3
20	리더십이 없다.	0	1	2	3
21	시작한 과제를 끝내지 못한다.	0	1	2	3
22	유치하고 덜 성숙하다.	0	1	2	3
23	잘못했을 때 우기고 남에게 덮어씌운다.	0	1	2	3
24	다른 학생들과 어울리지 못한다.	0	1	2	3

번호	문항	전혀 없다	약간 있다	조금 많다	아주 많다
25	다른 학생들에게 협조하지 않는다.	0	1	2	3
26	별 노력 없이 쉽게 실망한다.	0	1	2	3
27	선생님의 말을 잘 따르지 않는다.	0	1	2	3
28	공부를 잘 못한다.	0	1	2	3

* 위 아동에 대해 평소 원에서 관찰할 때, 다음과 같은 행동이 어느 정도 나타내는 지 해당하는 부분에 ✓표시하시오.

5. 팁(Tip)

아이가 어떤 일을 끈기 있게 지속적으로 한다면 칭찬과 격려를 해주기

처음에는 아이들이 좋아하는 물건이나 과제를 제시하고 점차적으로 아이들이 덜 좋아하는 것을 하도록 계획을 짠다.

지시는 분명하고 구체적이어야 하며 소위 잔소리처럼 불필요한 군더더기 말을 줄인다. 아이가 이해할 수 있도록 설명해주는 것은 좋지만 한두 번 정도로 끝내야 한다. 너무 부모나 어른이 말을 많이 하는 것은 오히려 아이가 지시에 집중하지 못하게 하며 건성으로 듣게 한다.

즉 말에 있어서의 "Stop"을 잘해야 한다.

6. 치료

ADHD에는 약물치료가 효과적이다. 80% 정도가 분명한 호전을 보이는데, 집중력, 기억력, 학습능력이 전반적으로 좋아진다. 또 과제에 대한 흥미와 동기가 강화되어 수행능력이 좋아진다. 더불어 주의 산만함, 과잉 활동과 충동성은 감소되고, 부모님과 선생님에게도 잘 따르고 긍정적인 태도를 보이게 된다. 하지만 약물 치료로만 모든 것이 해결되는 것은 아니다. 병에 대한 정확한 정보를 얻고 아이를 도와주실 수 있게 하는 부모교육, 아동의 충동성을 감소시키고 자기조절 능력을 향상시키는 인지행동 치료, 기초적인 학습능력 향상을 위한 학습치료, 놀이치료, 사회성 그룹치료 등 다양한 치료가 아이의 필요에 맞게 병행되는 것이 좋다.

* 네이버 지식백과 : 주의력 결핍 과잉행동 장애 [attention deficit / hyperactivity disorder] (서울대학교병원 의학정보, 서울대학교병원)

생각해 보기

❶ 주의력결핍 과잉행동 장애를 진단하기 위해서 반드시 고려해야 하는 세 가지 특성은 무엇인가?
❷ 주의력결핍 과잉행동 장애가 교사들이 교육이나 훈육 시에 특히 어려운 점은 무엇인가?

상담 및 지도 연습

호소문제 저는 서울시 소재 유치원에서 5세반을 담당하고 있는 교사입니다. 저희 반에 한 아이가 수업 중에 늘 딴 짓을 합니다. 뭘 하자고 하면 도망 다니기 일쑤고 혼자 돌아다니고 이상한 소리를 내기도 합니다. 어떨 땐 굉장히 집중해서 수업에 참여하고 어떨 땐 전혀 어떤 소리도 안 들리는 듯 자기 맘대로 교실을 휘젓고 다닙니다.

목표행동

대처법

제10장

특정학습 장애

사례

만 4세인 남아입니다. 첫인상은 넘 귀엽고 누구에게나 잘 안기고 웃기도 잘하는 모습에 처음 본 어른들은 모두 아주 귀여워 합니다. 그런데 이 친구는 울 때도 소리를 안내고 가만 보니 말을 전혀 하질 않습니다. 친구들에게 밀려 넘어져도 울지도 않고 심지어 천둥번개 소리가 났는데도 아무런 반응없이 그냥 앉아 있었습니다. 친구들은 울고 선생님에게 달려오고 불안해 보이는데도 말이죠.

1. 정의

특정학습 장애는 읽기, 쓰기 및 수학에 관련된 학업 기술들을 배우고 사용하는 데 어려움이 있는 장애를 말한다.

2. 특성

첫째, 정규 학교교육 기간(즉 발달기간) 중에 핵심 학업기술을 학습하는 데 있어서 지속적인 어려움을 경험하는 것으로 시작되며, 기저의 학습기술 습득의 어려움으로 인해 정상적인 학업기술 습득을 방해할 뿐만 아니라 다른 과목(예를 들면, 역사, 과학, 사회)의 학습도 방해한다.

둘째, 학습기술에 대한 수행도가 동일 연령 평균보다 낮다.

셋째, 대부분의 학습 문제가 저학년 때 분명해진다.

학령 전기에는 특정학습 장애와 동반되어 나타날 수 있는 주의집중, 언어 또는 운동기술의 지연이 종종 특정학습 장애에 선행하여 나타날 수 있지만 반드시 그런 것은 아니다. 읽기, 쓰기, 수학의 학습 영역에 따른 특정학습장애의 유병률은 학령기 아동에서는 서로 다른 언어, 문화권에 걸쳐 5~15% 정도 나타난다(김정미 외, 2인, 2015).

학업성취	사회 정서적	주의집중 과잉행동	지각장애	인지 기억력	동기 귀인
학업성취 문제는 학습장애 주요 특성 대부분의 경우 학과목 전반에 걸쳐 성취의 문제 보임 읽기능력, 쓰기능력, 수학능력의 어려움	약 75~80% 사회-정서적 문제보임 학습장애 정의에 포함될 정도로 주요 문제로 인식됨 학업성취의 어려움, 낮은 자존감, 빈약한 자아 개념 → 학습된 무기력/사회정서적 문제 초래 사회적 기술 훈련 프로그램 적용의 노력	과제집중 지시 따르기 등 어려움 "ADD" "ADHD" (학령기 아동의 3~7%) DSM-V에서 제시한 ADHD 진단기준	시각, 청각, 촉각에 의한 자극인식 식별하고 해석하는 능력에 미치는 장애 자극수용 및 정리, 해석상의 결함 → 학업성취의 부정적인 영향 & 지시 따르기 사회적 상호작용에 부정적 영향을 미침	인지 : 사고하고 전략을 사용하고 문제를 해결하는 능력 기억력의 결함 학습전략 사용의 결함 단기기억 작동기억의 결함(학업 성취와 관련) 초인지 결함	학습에 대한 동기의 문제 귀인과 관련·내적 통제소·외적 통제소 학습된 무기력 교사의 긍정적 반응 적절한 칭찬 자극적/도전적 환경 과제완수 경험 제공 효과적 학습전략 습득에 대한 도움제공 필요

(이소현, 박은혜, 2013)

3. 진단

다음은 DSM－V의 특정학습 장애 진단기준이다.

DSM－V의 특정학습 장애 진단기준

A. 이러한 어려움을 목표로 하는 개입들을 제공했음에도 불구하고, 적어도 6개월 이상 지속된 다음 중 하나 이상의 증상이 있는 것으로 나타난 것처럼, 학업 기술을 배우고 사용하는 데 어려움이 있음
   1. 부정확하거나 느리고 노력이 필요한 단어 읽기(예시 : 단일 단어를 큰 소리로 부정확하거나 느리게 그리고 머뭇거리며 읽음, 단어를 자주 추측함, 단어를 발음하는 데 어려움이 있음)
   2. 읽은 것의 의미를 이해하는 데 어려움이 있음(예시 : 글을 정확하게 읽을지도 모르나, 순서, 관계, 추론, 또는 읽은 것의 깊은 의미는 이해하지 못할 수 있음)
   3. 맞춤법에 어려움이 있음(예시 : 모음이나 자음을 첨가하거나, 빠뜨리거나, 교체할 수도 있음)
   4. 쓰기에 어려움이 있음(예시 : 문장들 안에서 다양한 문법적 또는 구두법 실수를 함, 단락 조직을 잘 못함, 생각을 쓴 표현이 명료하지 못함)
   5. 숫자 감각, 숫자적 사실(number facts) 또는 계산을 완전히 익히는 데 어려움이 있음(예시 : 숫자, 크기, 관계들에 대한 이해가 부족함, 또래가 하는 것처럼 수학적 사실을 상기하는 대신에 한 자리 숫자들을 더하는 데 손가락으로 계산함, 산수 계산 중간에 어떻게 할 줄을 모르고 순서를 바꿔서 할 때도 6. 수학적 추론에 어려움이 있음(예시 : 계량적 문제들을 풀기 위해 수학적 개념, 사실, 순서를 적용하는 데 심각한 어려움을 가짐)

B. 개별적으로 집행된 표준화된 성취도 측정들과 포괄적인 임상적 평가에 의해 확인된 것처럼, 영향을 받은 학업 기술은 개인의 생활 연령에 기대되는 것보다 상당히 그리고 수량화할 정도로(quantifiably) 못 미치며, 학업적이거나 직업적 수행, 일상생활의 활동에 커다란 방해가 됨. 17세 이상인 개인에

게 손상된 학습 어려움에 대한 문서화된 내력은 표준화된 평가를 대신할 수도 있음

C. 학습 어려움은 학령기 나이에 시작되며, 이러한 영향을 받은 학업 기술에 대한 요구가 개인의 제한된 능력을 초과하기 전까지는 완전히 드러나지 않을 수도 있음(예시 : 정기 시험에서처럼 빠듯한 기한에 맞춰서 길고 복잡한 보고서 읽기 또는 쓰기, 과도하게 많은 학업량)

D. 학습 어려움은 지적장애, 교정되지 않은 시력 또는 청력, 다른 정신적 또는 신경학적 장애, 심리사회적 역경, 학습지도의 언어에 숙달되지 못해서, 또는 부적절한 교육적 지도에 의해 더 잘 설명되지 않음

주 : 개인 내력(발달적, 의학적, 가족적, 교육적), 학교 보고서 및 심리교육적 평가의 임상적 종합을 바탕으로 4개의 진단기준에 충족되어야 함

손상된 학업 분야와 세부 기술을 다음과 같이 명시할 수 있음 :

읽기에 장애가 있음 :

- 단어 읽기 정확성
- 읽는 속도 또는 유창함
- 독해력

주 : 난독증(dyslexia)은 정확하거나 능숙한 단어 인지의 문제, 형편없는 문자해독, 안 좋은 맞춤법 능력으로 특징지어질 수 있는 학업적 어려움들의 패턴을 일컫는 데 사용되는 대체 용어임. 만일 난독증이 이 특정 패턴의 어려움들을 명시하는 데 쓰인다면, 독해력이나 수학 추론의 어려움과 같은, 다른 존재하는 추가적 어려움을 명시하는 것도 중요함

쓰기에 장애가 있음 :

- 맞춤법의 정확도
- 문법 및 구두법의 정확도
- 글쓰기의 명료성 또는 구성

수학에 장애가 있음 :

- 숫자 감각
- 산술적 사실(arithmetic facts)의 암기
- 정확하거나 능숙한 계산
- 정확한 수학 추론

주 : 계산 불능증(dyscalculia)은 숫자로 된 정보를 처리하거나, 산술적 사실을 배우거나, 정확하거나 유창한 계산을 수행하는 데 어려움의 패턴을 일컫는 데 사용되는 대체용어임. 만일 계산 불능증이 수학적 어려움의 특정 패턴을 명시하는 데 쓰인다면, 수학 추론이나 단어 추론 정확도의 어려움과 같은, 다른 존재하는 추가적인 어려움을 명시하는 것도 중요함

현재의 심각도를 명시할 것 :

가벼운 정도 : 하나 또는 두 개의 학업 분야에서 기술을 배우는 데 어느 정도의 어려움이 있으나 심각성이 충분히 가벼운 정도이므로 특히 학년 중에 적절한 편의나 지지적 도움이 제공되면 개인이 보완하거나 잘 기능할 수 있음

중간 정도 : 하나 또는 두 개의 학업 분야에서 기술을 학습하는 데 뚜렷한 어려움이 있어 학년 중 어느 정도 잠깐씩 집중적이고 전문적인 가르침 없이는 숙달되기 어려움. 적어도 하루 중 일부는 학교, 직장, 집에서 약간의 편의나 지지적 도움이 활동을 정확하고 효과적으로 끝마치기 위해 필요할 수도 있음

심각한 정도 : 여러 학업 분야에서 기술을 학습하는 데 심각한 어려움이 있어 대부분의 학년 동안에 지속적이고 집중적인 개별화된 전문적 가르침 없이는 이러한 기술들을 배우기 어려움. 학교, 직장, 집에서 적절한 편의나 도움을 배치해도 모든 활동을 효과적으로 끝마치지 못할 수도 있음

난독증

듣고 말하는 데에는 어려움이 없지만 문자를 판독하는 데에 이상이 있는 증세. 지능은 정상이지만 글자를 읽거나 쓰는데 어려움이 있는 증세를 말한다. 이 증세를 가진 대다수 환자들은 낱말에서 말의 최소 단위인 음소를 구분하지 못한다. 어느 언어권에서나 난독증 환자가 생길 수 있지만, 비교적 발음체계가 복잡한 영어권에서 많이 발생하는 경향이 있다. 또한 비슷한 단어가 적은 언어권 나라일수록 그 발병률이 낮다. 유명한 과학자인 아인슈타인도 난독증이 있었던 것으로 알려져 있다.

발달상의 문제로 인한 선천성 난독증과 사고 후 뇌 손상으로 인한 후천성 난독증 등 2가지 유형으로 나눌 수 있다. 선천성 난독증을 가진 어린이는 정상적인 어린이들보다 말을 더디게 배우거나 발음상 문제가 나타나고, 숫자를 익히거나 단어를 맞추는데 어려움을 겪으며, 글자를 거꾸로 적는다. 간혹 색깔과 형태를 혼동하기도 한다.

후천성 난독증은 주변성 난독증과 중심성 난독증으로 구분하는데, 주변성 난독증의 종류와 증세는 다음과 같다. ① 무시 난독증 : 단어의 처음 반이나 마지막 반을 잘못 읽거나 놓치며, 시야의 한 쪽 반을 무시하는 경향이 있다. ② 주의성 난독증 : 낱자는 잘 읽지만, 단어 안의 낱자를 명명하는 데에는 매우 서툴다. ③ 낱자단위 읽기 난독증 : 단어 안의 각 낱자를 하나하나 읽어보고 나서야 단어를 인식할 수 있다.

중심성 난독증의 종류와 증세는 다음과 같다. ① 표층성 난독증 : 비단어는 정확하게 읽지만 단어는 잘 읽지 못하거나 규칙화시켜서 읽는다. ② 음운성 난독증 : 단어는 잘 읽지만 임의로 만들어 낸 비단어는 잘 읽지 못한다. ③ 심층성 난독증 : 읽으려고 하는 단어 대신 의미적으로 관련된 단어를 읽는다. ④ 의미없이 읽기 난독증 : 문자열의 의미는 알지 못하면서도 그 문자열을 소리 내어 읽을 수 있다.

아직은 완치할 수 있는 치료법이 없으며, 각 치료법마다 장점과 한계가 있다. 선천성의 경우 읽기의 기초를 쉽게 배우는 5~7세에 치료하는 것이 가장 효과가 크지만 환자의 부모들은 지진아로 오해하는 경우가 많기 때문에 치료시기를 놓치기 쉽다.

(네이버지식백과/두산백과, 2016)

다음은 난독증에 대한 세계일보의 흥미로운 기사이다.

> 영화 '해리포터' 시리즈에서 세베루스 스네이프 교수를 연기했던 배우 앨런 릭먼(69)이 며칠 전 죽었을 때 너무 슬펐다. 그는 영감을 줬으며, '책'이라는 존재로 이끌어준 사람이다. 인생의 장애물을 뛰어넘게 했다. 그런 앨런이 세상을 떠났으니 마음이 무너져 내린 것도 당연했다.
> 내 이름은 스테파니 위킨스. 올해 스물여섯 살이며, 런던에 산다. 어렸을 때 난독증(dyslexia)으로 고생했다. 같은 반 학생들 사이서 늘 놀림감이었고, 선생님은 글솜씨가 얼마나 엉망인지 아이들에게 알리기 위해 노트를 칠판 앞에서 펼쳐 보였다.
> 처음부터 난독증은 아니었다. 단지, 선생님의 지시사항을 이해할 수 없었다. 문자화된 선생님의 말씀을 해석할 수 없었다는 뜻이다.
> 열 살 때였나. 선생님께서 과제를 내주셨다. 교실은 토의하는 아이들로 시끄러웠다. 한 사람은 조용했다. 그게 나다. 선생님 지시를 이해할 수 없었던 터라 토의는커녕 말씀 자체를 이해하는 게 급했다.
> 선생님께서 왜 가만히 있냐고 말씀하셨다. 반 아이들 시선이 내게 꽂혔다. 죄인이 됐다. 죄인이 아닌데, 이해력이 부족하다는 이유로 아이들의 차가운 눈총을 받았다.
> 몇 가지 테스트 후, 난독증 진단을 받았다. 즉시 일대일 특별 수업 코스에 배정됐고, 선생님은 알파벳 독해, 청해 등을 이해시키려 했다.
> 책 한 페이지 읽는 것도 벅찼다. 다른 아이들이 한 번 읽고 넘어갈 때, 세 번 반복해서 봐야 했다. 학창시절 내내 성적은 아이들 뒷전에서 허덕였다. 난독증. 인생에 드리운 아주 넓고 넓어서 끝이 어딘지 모르는 그늘이었다. 일대일 수업은 1년 가까이 지속됐다. 그러나 해결 기미는 보이지 않았다. 지쳐서 엄마에게 "제발 그만 보내달라"고 말했다. 결국 엄마는 난독증 수업을 취소했다. 일주일 2회, 한 번에 50파운드(약 8만6000원)씩 지불하는 수업은 엄마에게도 적잖은 부담이었다.
> 난독증 해결 방법은 소설책에 숨어있었다. J.K.롤링이 펴낸 '해리포터' 시리즈였다.

열두 살 때 언니가 준 해리포터 소설책은 나를 독서의 세계로 이끌었다. 이전까지 책 읽는 게 버거워 잠자리서 엄마가 읽어주는 이야기와 함께 잠들었지만, 스스로 독서하는 사람이 됐다.

줄거리가 정말 흥미로웠다. 롤링 작가가 판타지 세계를 종이에 녹여냈다는 점도 대단하게 생각됐다. 독서가 버거웠던 사람을 이해시킨 것만으로도 롤링은 극찬받아 마땅했다.

글자라는 '장애물'을 뛰어넘는 달리기가 시작됐다. 독서 속도가 빨라졌고, 한 편의 시리즈를 읽고 난 후에는 차기작이 언제 나올까 기다렸다. 한 권을 덮고 나면, 높은 산에 올라 아래를 바라보는 느낌이 들었다.

해리포터 시리즈가 늘어날수록 독서속도도 빨라졌다. 42시간에 607페이지를 독파했다. 심지어 글자 하나하나 똑바로 읽는 것도 가능해졌다.

열여섯 살이 되던 해. 제인 오스틴의 '오만과 편견', 조지 R.R. 마틴의 장편소설 '왕좌의 게임'까지 읽었다. 더 이상 책장이라는 망망대해에서 나침반 없이 허덕이던 과거의 내가 아니었다.

Stephanie Wickens, 26 has dyslexia and struggled to understand tasks the teachers gave her at school. But reading the Harry Potter novels reignited a love of reading and helped her overcome her dyslexia

킹스턴 대학교에서 영문학과 창작 글쓰기 등을 전공했으며, 2 : 1의 성적(영국의 채점 시스템에서 상위 70~79%에 해당. 80~100%를 1등급으로 분류)으로 졸업했다. 지금은 한 잡지사에서 기자로 일한다. 언젠가 소설책 펴내는 날도 꿈꾼다.

난독증이 완치됐다고 생각하지는 않는다. 여전히 때때로 독서가 어렵기 때문이다. 가끔 쓰는 글도 어지러울 때가 있다. 한 글자 쓸 때마다 어딘가 '턱' 걸리는 느낌이 들 때도 있다.

그래도 독서가 난독증 치료에 큰 도움을 줬다는 것을 말하고 싶다. 작가의 꿈을 향해 달리는 데도 힘을 실어줬다는 것을 인정한다. 독서는 영감을 줬고, 꿈으로 이끌었으며, 인생 성취도를 달성하는 데 가장 큰 힘이 됐다.

(김동환 기자 kimcharr@segye.com. 사진=영국 데일리메일 캡처 2016-01-21 14 : 36 : 41 ⓒ 세계일보 & Segye.com)

생각해 보기

❶ 특정학습 장애가 유아에게 발견되는 빈도는 어떠한가?
❷ 특히 특정학습 장애가 일상에서 발견될 가능한 징후들에는 어떠한것이 있는가?
❸ 특정학습 장애와 지적장애의 유사점과 차이점은 무엇인가?

상담 및 지도 연습

호소문제 유진이는 6세 여아입니다. 어린이집에 다니고 있습니다. 말도 잘 하고 친구들과 인형놀이처럼 역할놀이도 잘합니다. 하지만 유진이가 특히 하기 싫어하는 놀이가 있습니다. 가게 놀이입니다. 유진이는 계산도 어렵고 사실 간단한 계산입니다만 숫자를 전혀 알지 못하기 때문입니다.

목표행동

대처법

제11장

성문제

사례

만5세 여아입니다. 자꾸 누워서 자신의 아랫도리를 바닥에 대고 문지릅니다. 섹스하는 장면이 연상이 되어서 뭐라고 하기도 그렇고 넘 빈번하니 다른 친구들이 배울까 걱정도 되구요. 어디가 가려워서 그럴 수도 있지만 그렇다고 생각하기엔 너무 자주 그럽니다. 어떻게 부모님에게 말씀을 드려야 할지...

1. 성적 조숙증

성적 조숙증이 의심되는 경우는 유치원 교사나 부모도 상당히 난처하다.

성적 조숙증은 이차 성징이 나이보다 지나치게 빠른 경우에 사용되는 용어지만 심리적 성적 조숙증은 여러 가지 원인으로 나타날 수 있는 문제이다.

이 시기에 장애로 진단되지는 않지만 사회적 영향이 크고 문제의 경중에 비해 담당교사나 부모의 어려움이 큰 문제여서 특별히 다루어 보려고 한다.

심리적 성적 조숙증은 일차적 원인으로 생각해 볼 수 있는 것이 성적 경험에 대한 노출이다. 이는 성적 추행, 유사 성행위, 성폭력 등 직접적인 유아의 경험을 근거로 하는 경우가 있고 두 번째는 부모의 성행위를 목격하거나 언니나 오빠 등 다른 사람이 보던 음란 동영상을 우연히 보게 된 경우 등 간접적인 경험으로 인한 경우가 있을 것이다. 직접적인 성적 경험은 당연히 성적 조숙증 뿐만 아니라 여러 가지 대인공포나 불안, 과도한 타인에 대한 친밀감 표현, 자신의 성에 대한 부정, 혹은 이성에 대한 집착 등의 문제들로 변질되어 나타날 수 있고 실제로 상당한 고통을 호소하는 경우에 해당된다. 더욱이 생식기가 아직 완전히 발달하지 못한 상태이므로 대부분은 성적 추행의 경험이 가장 크게 겪을 수 있는 직접 경험일텐데 이 경우는 유아 자신도 불쾌한 감정을 느끼는 시간이 오래 걸리며 정작 폭력의 가해자를 지목하기 어려워 처벌도 어려워지는 경우가 대부분이다. 악질적인 성폭력과 같은 경우는 생식기에 심각한 손상을 입혀 의료적 서비스와 동시에 불임이나 대장파열 등과 같은 심각한 후유증을 동반하기 때문에 유아기의 경우에는 흔한 경우는 아니다. 그 외 위에 언급된 간접적인 경험은 유아의 기억 저장소에 저장되어 이후 계속 호기심을 유발하고 도덕성과 상관없이 자주 드러내며 제 1차 성역할 발달기인 유아기에 자위나 다른 이성 친구에 대한 관심, 과도한 스키십과 같은 모습을 자주 주변인들에게 목격되어 성조숙증을 의심받게 되는 것이다.

학습이론에 따르면 안돼! 안돼! 하면서 그대로 배우게 되는 부분이 있어서 유아기의 이런 직간접적인 성적 경험에 대한 노출은 성장하면서 성적 관심을 높이는 모습으로 자연스럽게 성교육으로 긍정적인 욕구 배출의 경험을 학습하게 되는 것이 아니라 변질되는 경우가 많은 것이 문제인 것이다.

이른 성적 노출 경험이라면 대처는 어떤 방식으로 이루어져야 하는 것인가?

부모 성교육을 먼저 시켜야 한다.

건강한 성에 대한 교육이 부모 역시 잘 되어 있지 않은 경우가 많아서 민망해 하고 회피하는 경우가 많다. 그래서 유아의 직접적인 질문 왜 엄마는 고추가 없어? 왜 엄마는 고추가 그렇게 생겼어? 아기는 어떻게 나와? 등등의 질문에 간단하게 답변할 수 있는 방법을 포함한 교육을 선행해야 한다.

2. 성폭력

(1) 힘없는 아동에게 가하는 아동 성폭력

아동 성폭력이란 어른이 자신의 성적 욕구를 충족시키기 위해 물리적인 힘뿐만 아니라, 여러 가지 힘의 차이를 이용하여 아동에게 가하는 모든 성적 행위를 말한다. 힘의 차이에는 나이, 지적 수준, 사회적 지위 등이 포함된다. 실제로 아동과 청소년의 몸을 만지는 행위뿐만 아니라 만지지 않은 행위도 아동 성폭력이 될 수 있다. 몸을 만지는 행위는 아동과 청소년의 가슴, 엉덩이 등 몸의 은밀한 부분을 만지는 것을 말하고, 만지지 않은 행위에는 성적인 말을 하거나 아동과 청소년에게 음란물을 보여 주는 것 등이 있다.

성폭력은 학교 폭력에도 포함된다. 아동과 청소년이 학교 밖에서 성폭력을 당한 경우에도 학교 폭력으로 인정되어 보호받을 수 있다.

(잔트만아동청소년상담센터, 2010)

(잔트만아동청소년상담센터, 2011)

위 모래놀이 자료는 만 4세 때 유치원 통학버스 기사에게 성추행을 당한 것으로 추정되는 여아의 모래놀이 자료이다. 이 유아에 대한 소견서는 성희롱 파트에 제공하였다.

(2) 또래 관계에서 벌어지는 또래 성폭력

또래 성폭력은 또래 관계에서 힘의 차이를 이용하여 성과 관련된 옳지 못한 행동을 하는 것을 말한다. 즉, 피해 학생과 가해 학생이 비슷한 또래인 경우의 성폭력을 의미하는데, 전혀 모르는 학생들끼리 발생하기도 하지만 아는 사이에서 발생하는 경우도 많다. 서로 사귀고 있는 학생들 간의 데이트 성폭력도 또래 성폭력에 포함된다.

또래 성폭력의 행동은 다양하게 나타나고 있다. 화장실을 몰래 훔쳐보거나, 치마를 올리거나 바지를 내리는 행동, 특정한 신체 부분에 대하여 놀리거나 가슴이나 엉덩이 등 몸을 만지는 행동, 야한 그림이나 사진, 동영상을 보여 주는 행동 등이 모두 또래 성폭력이에요. 이러한 행동은 친구가 수치심을 가지거나 신체적으로 상처를 입을 수 있기 때문에 해서는 안 되는 나쁜 행동이다.

이러한 또래 성폭력도 학교폭력과 마찬가지로 '학교폭력 예방 및 대책에 관한 법률'에 의해 징계를 받을 수 있어요. 소년원에 가거나 보호관찰을 받을 수도 있다. 만 14세 이상일 경우에는 무거운 죄로 여겨져 소년 교도소에 갈 수도 있다.

(3) 또 다른 심각한 범죄 행위, 성희롱

성희롱은 상대방의 의사에 관계없이 성적으로 수치심을 주는 말이나 행동을 하는 것이에요. 주로 직장 같은 곳에서 많이 일어나다. 높은 위치에 있는 사람이 자신의 지위를 이용하여 포옹 등의 신체 접촉을 하거나 야한 농담이나 외모에 대하여 성적인 말을 하는 것 등이 해당된다. 이러한 성희롱은 심각한 범죄 행위이다.

다음은 실제 상담사례에 대한 약식 소견서이다.

〈소견서〉

등록번호 : 2010－07－1
연 번 호 : 2011051701

내담자 성명	박**	성별	여	생년월일	2006.08.01	연령	만4세
초기상담일	2010.07.22	의뢰사유	유치원 통학버스 기사로부터의 성추행 여부 확인을 위해서				
평가일	2010.07.22	평가도구	놀이평가, 모래놀이 평가, K－CDR				
상담시작일	2010.07.24	상담목표	성추행으로 인한 후 외상성 스트레스 장애 징후의 이완 및 심리적 성조숙증 및 위축, 불안과 같은 병리적 징후로의 발달예방				
상담진행 상황	－내담자는 통학버스기사에게 성추행 대상자로 의심되는 일련의 행동들로 내원하게 됨. 초기 평가 시 통학기사의 과도한 스킨십을 보고하였고 아직 어린 나이이므로 행위에 대한 가치부여는 어려워 보임. 추후 시간을 두고 관찰을 요했으며 아동기 우울이나 불안증 , 위축 등의 문제행동으로 나타날 수 있을 것						

으로 평가됨. 부모에게서 뽀뽀와 사타구니쪽에 손을 넣어 안아 올리는 행동 등 경험하지 않으면 알 수 없는 특이한 행동이 관찰됨. 이 후 주 1회 놀이치료 및 월 1회 부모상담을 진행함.

- 1회기(2010.7.24)부터 4회기(2010. 8.14) : 상당히 불안이 많고 놀이치료실 안에서도 장난감을 가지러 갈 때 혼자가지 못하며 모에게 징징거리며 매달리는 모습이 과도하게 많은 것으로 보고됨.
- 부모가 알아야 할 성범죄 대처법 : 상담자의 신문기고문을 나눠드리고 부모상담을 실시함.
- 5회기(2010.8.21)부터 9회기(2010.9.25) : 사회적으로 허용된 공격적 놀이를 통한 공격성 발산. 모의 배위에서 비비는 시늉이 나타나기 시작함. 굿 터치, 배드 터치에 대한 부모상담을 진행함.
- 10회기(2010.10.9)부터 13회기(2010.10.29) : 사람인형을 특히 무서워하고 불안행동이 관찰되기 시작함. 손가락빨기, 못하게 하면 손등을 빰. 새유치원으로의 등원준비. 모에게 더 의존적으로 굼.
- 14회기(2010.11.6)부터 16회기(2010.11.20):인지적 놀잇감으로 소근육활동 격려. 자아존중감 강화를 통한 위축 예방
- 17회기(2010.11.26)부터 21회기(2010.12.21) : 인지적 놀이활동이 많아짐. 성적 호기심이나 감정표출 부분이 억압된 것으로 보임.
- 22회기(2011.1.8)부터 25회기(2011.1.29) : 새로운 유치원에 대한 적응기. 스트레스가 높아지므로 인해 불안이 다시 늘어남. 역할놀이 상징놀이를 많이 하며 위축되고 shy한 측면이 많이 들어남. 성추행으로 인한 손상부분이 드러나기 시작하는 것으로 보임.
- 26회기(2011.2.13)부터 29회기(2011.2.26) : 감정기족이 심해지고 고집이 늘고 다루기 힘들어 보임. 아동기 우울증상이 아닌지 관찰요함. 이는 발달이 진행되면서 성추행에 대한 안 좋은 기억이 스트레스화 되어 나타나는 것일 수 있음. 모래놀이를 통한 이완활동강화. 혼자 욕조에서 성조숙증이 의심되는 행동

	이 관찰됨. 성기부분에 인형을 집어넣는 모습. −30회기(2011.3.5)부터 35회기(2011.4.9) : 언어활동의 지연. 사회적 상황에 대한 이해가 높아질수록 두려움이 커지는 경우에 해당됨. 과거 경험이 내적 갈등으로 심화된 경우로 보임. 심리적 지지강화 놀이 −31회기(2011.4.19)부터 34회기(2011.5.9) : 위축된 행동으로 유치원 등원거부 표현이 많아짐. 모에게 사회적 지지를 위한 대처법 상담함. 경쟁에 취약해지고 쉽게 좌절하고 고집을 부리는 행동이 많아짐. 성공의 경험을 통한 자신감 회복을 위한 놀이 활동 강화
추후 상담계획	−병리적 특성(위축, 불안, 우울)의 치료를 위한 감정의 분출과 이완을 위한 놀이치료와 안정된 발달을 위한 심리적 안정과 안녕의 회복을 위한 지속적인 아동상담이 요구됨. 아울러 아동의 병리적 특성으로 인한 부모의 심리적 충격과 스트레스에 대한 지속적인 부모상담도 병행되어야 함.
비고	−진단서로 대용할 수 없습니다.

위와 같이 소견함.

발　행　일 : 2011년 05월 17일
발 행 기 관 : 잔트만아동청소년상담센터
주소 및 명칭 : 경기도 고양시 덕양구 **동 709−1 무원빌딩 702−1호
전화 및 팩스 : (031)***−7570

잔트만아동청소년상담센터장　　*** 박사

유아기 성폭력 예방을 위하여 평소에도 자신의 의사를 표현할 수 있도록 길러 주어야 한다.

지금까지 성폭력이라는 말은 성인끼리의 관계에서나 쓰는 용어로 알고 있었습니다. 그러나 최근에는 유아를 대상으로 한 성희롱이나 성추행 사건들도 적잖이 일어나고 있어 가정에서도 유아기부터 성폭력에 대비시키는 교육에 관심을 갖지 않을 수 없습니다. 우려할 만한 현실이지만 역시 '아는 것이 힘'인 만큼 유아도 자신의 몸을 스스로 지킬 수 있도록 가르칠 수밖에 없습니다.

성희롱이란 음란한 말, 성기 노출 등 유아의 몸에 직접적으로 해는 없지만 정신적인 고통을 주는 행위를 말합니다. 성추행이란 아이의 성기 만지기, 가해자의 성기를 만지도록 하기, 키스를 포함하여 접촉하거나 집적거리기 등의 신체적인 행위를 말합니다. 그리고 성폭력이란 성희롱부터 강간까지 성과 관련된 일체의 폭력을 말합니다.

성폭력 예방 교육에서는 우선 자신의 몸이 매우 소중한 것이며 스스로 지킬 수 있어야 한다는 것을 알게 해야 합니다. 싫고 좋음과 옳고 그름에 대해 자신의 의사를 표현할 수 있도록 자신감을 길러 주는 것이 필요합니다. '어른의 말을 잘 들어야 착한 아이'라는 생각 때문에 아이들은 어른이 시키는 것에 대해 '안 된다'는 생각을 하기 어렵습니다. 평소에 자신의 의사를 잘 표현할 수 있도록 자신감을 길러 주어야 합니다.

우리 몸 가운데 특히 속옷 안쪽의 신체는 가족의 보살핌을 받을 때나 병원에 갔을 때 등의 경우를 제외하고는 다른 사람이 함부로 보거나 만질 수 없다는 것을 가르쳐 주세요. 선생님이나 이웃의 좋은 사람이라고 하더라도 속옷 안쪽의 신체를 만지려고 하거나 비비려고 하면 당당하게 "안돼요! 싫어요!" 하고 외치면서 도망쳐 주위 어른에게 알려야 한다고 가르치세요. 그리고 큰 소리로 외쳐 보게 합니다. 또 비상시에는 돈이 없을 때라도 전화할 수 있도록, 전화를 빌리는 법과 수신자 부담의 전화번호를 알려 줍니다. 연출을 해 보는 것도 좋습니다.

만약 무슨 일이 생기면 지혜롭고 용감해야 한다고 이르고 구체적인 방법을 알려 주세요. 음식이나 장난감 같은 것을 주는 등 지나치게 친절한 사람을 경계하기, 낯선 사람의 차에 타지 않기, 또 항상 사람들이 많은 곳으로 다니기, 호신용 호루라기 가지고 다니기, 낯선 사람을 친구가 따라갈 때에도 주저 없이 어른에게 알리기 등, 아이가 충분히 인지할 수 있도록 알려 주세요.

다음은 여성가족부와 교육부의 유아초등 저학년을 위한 학부모가 알아야할 성폭력 예방 10계명이다.

유아 · 초등 저학년을 위한 성폭력 예방 10계명

◆ 아이들이 기억해요.

1. 하루 동안 무슨 일이 있었는지, 무엇을 했는지, 누구를 만났고 어떤 이야기를 했는지, 인터넷에서는 무엇을 보았는지, 어떤 사람과 어떤 대화를 나누었는지 부모님(보호자)과 매일 이야기해요.
2. 내 생각과 느낌을 정확하게 표현하고 다른 사람의 생각과 느낌을 존중하는 습관을 길러요.
3. 등하교는 가능하면 부모님(보호자)과 함께 해요. 아이들끼리만 다닐 때는 밝고 사람이 많이 다니는 큰길로 여럿이 함께 다녀요.
4. 부모님(보호자)의 허락 없이는 놀러가지 않아요. 모르는 사람이 도와달라고 하거나 음식이나 선물을 주려고 하면"부모님께 허락받아야 한다"고 말하면서 거절해요.
5. 일상생활에서 불편하고 나쁜 감정이 있었다면, 또 내 몸을 만져서 불편하게 한 사람이 있었다면 부모님(보호자)께 이야기해요. 수영복으로 가려지는 부분을 만진 사람이 있다면 꼭 말하세요.

◆ 어른들이 지켜주세요.

1. 항상 아이의 말에 귀 기울이고 어떤 이야기든 편하게 말할 수 있도록 해주세요.
   '의사소통이 잘 되는 가정'이 아이 안전을 지켜요. 부모님(보호자)은 아이가 24시간 어디서 무엇을 하고 있는지 꼭 알고 있어야 해요.
2. 아이가"싫다"고 했을 때 부모님(보호자)께서 아이의 의견을 존중하고 수용해주세요. 그래야 아이가 다른 사람에게도 "싫다"고 말할 수 있어요.
3. 아이와 함께 안전계획을 세워요. 아이가 혼자 다니지 않도록 하고 등하교길에 도움을 청할 수 있는 곳(아동안전지킴이집, 주민 자치센터, 경찰, 공공기관 등)이 어디에 있는지, 인터넷 이용 시 주의할 점을 미리 알려주세요.
4. 모르는 아이에게 음식이나 선물을 주는 것, 도와달라고 부탁하는 것, 불필요한 신체접촉은 하지 말아 주세요. 어떤 사람은 괜찮고 어떤 사람은 안 되는지 아이들에게 혼란을 줄 수 있어요.
5. 아이가 상대방에 대해 존중하고 배려하는 습관을 갖도록 생활 속에서 교육시켜주세요. 그리고 주변에 위기에 처한 아이가 있으면 적극적으로 도와주고 신고해요.

(여성가족부 교육부, 2013)

성폭력을 당했다면 사고로 여겨라

유아에게 성폭력이 일어났을 경우 아이들은 충격으로 큰 상처를 받습니다. 성폭행의 상태에 따라 다르지만 흔히 나타나는 증세는 잘 웃지 않고 우울해하며 잠을 못 잡니다. 혼자 있는 것을 두려워하고 아프다고 말합니다. 집중력이 떨어지고 어린이집이나 유치원 등 잘 다니던 곳에도 안 가려고 하며 부모에게만 매달립니다. 오줌을 싸거나 손가락을 빠는 등 퇴행현상을 보이기도 합니다.

그리고 부모와 대화를 잘 하던 아이가 아니라면 쉽사리 말을 꺼내지 못

합니다. 아무래도 자기가 크게 혼나야 하는 잘못을 저질렀고 몸에 무슨 큰 일이 일어났다고 느끼는 것입니다. 아이들이 평소와 다른 태도를 보이면 관심을 갖고 살펴봐야 합니다.

아이에게 성폭행이 일어난 것을 알게 되었을 때 부모의 태도가 아이에게 매우 중요합니다. 부모가 울고불고 흥분하면 아이들은 정말로 두려움에 떨게 되고 상처는 더 깊어집니다. 성폭행을 당한 아이는 피해자이지 잘못을 저지른 사람이 아닙니다. 그 아이는 상처 없이 밝게 회복되어야 합니다. 사회의 어두운 짐을 그 어린아이에게 지워선 안 됩니다. 그러려면 부모는 마음을 진정하기 힘들겠지만 단순한 사고나 사건처럼 담담하게 반응하는 것이 좋습니다.

아이를 안고 "너는 아무 잘못도 없다. 너에게 나쁜 짓을 한 사람의 잘못이다. 네 몸은 아주 소중한데 그 사람이 함부로 대했기 때문에 그 사람이 혼나야 한다"며 위로하고 진정시킵니다. 그래서 "나쁜 짓을 한 사람을 알아내서 벌을 줄 수 있도록 네가 도와 줘야 한다"고 이야기해 줍니다. 다만 구체적으로 다그쳐 물음으로써 아이가 아픈 상처를 여러 번 되풀이하지 않도록 배려해야 합니다. 아이가 스스로 상황을 이야기하도록 기다려 주는 태도가 필요합니다.

목욕은 시키지 말고 입었던 옷은 그대로 보관합니다. 그리고 아이를 안심시킨 후에 병원으로 데리고 갑니다. 가까운 상담기관에 연락(전국 어디서나 1366번)하면 법적 대응을 포함하여 적절한 도움을 받을 수 있습니다(교육인적자원부, 성교육 성폭력 예방교육 프로그램, 2001).

사실상 성폭력은 아이가 교통사고를 당하는 것과 같은 하나의 사고입니다. 이 일로 인해 아이가 자신의 몸을 더럽다고 느끼거나 죄의식을 갖게 해선 안 됩니다. 아이는 자기가 당한 끔찍한 악몽을 되풀이해서 생각하고 싶지 않을 겁니다. 그런데 부모가 몇 번이나 물어 보고 의사, 상담사, 경찰

관이 계속 물어 보고 또 법정에 가서 진술까지 해야 한다면 과연 아이가 그것을 다 감당해 낼 수 있을까요?

불행 중 다행으로 요즈음에는 성 구분이 제대로 되어 있는 인형을 가지고 유아가 놀이하는 과정을 비디오로 찍어서 유아의 진술 대신 법적 증거로 채택할 수 있게 되었습니다. 말하자면 가슴과 음부에 털이 있고 성기가 달린 남성 인형과 젖가슴과 성기가 있는 여성 인형을 포함해, 남자 아이, 여자 아이의 인형을 가지고 아이가 그때의 상황을 재연하는가를 관찰하는 것입니다.

성폭력 상황을 놀이 형식으로 재연해 볼 수 있도록 만들어진 인형

* 네이버 지식백과 : 유아기 성폭력 예방을 위하여 (부모가 시작하는 내 아이 성교육, 2007. 2. 15., 샘터(샘터사)

인형과 전화기 등 몇 가지 주변 세트를 마련하고 전문가가 그때의 상황을 재연하게 해서 그 놀이 과정과 말, 태도 등으로 상황을 종합적으로 판단

합니다. 요즈음은 남녀의 성적 장면을 어떠한 형태로든 유아가 보았을 가능성도 배제할 수 없기 때문에 훈련 받은 전문가가 그들의 정서적 반응과 태도 등을 토대로 판단합니다. 이런 방법으로나마 아이의 고통스러운 과정을 좀 줄일 수 있어 그나마 다행입니다.

부모님이 알아야 할 아동성폭력에 대한 잘못된 속설 5가지

① 아동성폭력 피해가 발생했을 경우에 피해 내용에 대해서 자꾸만 물어보면 상처가 되기 때문에 묻지 말아야 한다?－－**"아니다!"**
성폭력은 피해자의 잘못이 아니다. 피해내용을 말하지 못하고 숨긴다면 피해자 자신의 잘못으로 잘못 알고 죄책감을 가질 수 있기 때문에 자신의 피해를 당당하게 이야기하여 심리적으로 극복할 수 있는 힘을 주어야 한다. 다만, 추궁하듯 캐묻거나 말을 막거나 단정적으로 미리 판단해 말한 뒤"그렇지?"라고 강요해서는 안 된다. 이럴 경우 아동의 진술이 혼란되어 수사 및 재판과정에서 증거 능력을 인정받기 어려우므로 구체적 진술은 경찰이나 상담전문가 입회하에 하는 것이 바람직하다.

② 성폭력을 당하는 아이는 따로 있다?－－**"아니다!"**
성폭력을 당하는 사람은 따로 정해져 있지 않다. 성폭력은 언제 어디서 누구에 의해서 발생할지 모르는 범죄이며 누구나 성폭력의 피해자가 될 수 있다. 하지만, 정확하게 알고, 미리 준비하고 적절하게 대비하면 예방할 수 있다.

③ 성폭력을 당했다는 아동의 말은 거짓말인 경우가 많다?－－**"아니다!"**
아동들은자신이입은피해를거짓으로꾸며내거나관심을끌기위해서말하는 경우는 극히 드물다. 결코 흥분하거나 아이 말을 막지 말고 차분히 들어보고, 상황을 판단해야한다. 사실여부를 확인하기 어려울 때는 여성긴급전화 1366, 성폭력상담소, ONE－STOP 지원센터 혹은 해바라기아동센터 등에 연락해 상담하고 도움을 청한다.

④ 아동에게 성폭력을 하는 가해자는 정신병자다?－－**"아니다!"**
대부분의 가해자는 이웃의 아는 사람이나 피해자와 친분이 있는 사람들이다. 정신병자는 오히려 아이를 유인해서 몰래 성폭력을 저지를 능력이 없는 경우가 많다.

⑤ 아동성폭력 피해는 크면 잊기 때문에 문제를 키우지 말고 조용히 넘어가는 게 아이를 위해 좋다?--"**아니다!**"
어릴 때 피해일수록 정확한 진단과 전문적인 치료 및 장기적인 관찰과 도움이 절대적으로 필요하다. 피해자에게는 전혀 잘못이 없고 가해자가 잘못이며 벌 받아야 한다는 것을 알아야 피해극복에 도움이 된다. 적절한 치료와 보살핌을 받는다면 성폭력 피해의 후유증은 치료될 수 있다(여성부, 2009).

생각해 보기

❶ 성교육은 몇 살부터 시작하는 것이 좋을까요?
❷ 언어표현이 제한적인 영유아인 경우 감지가능한 성추행 신호는 무엇일까요?

상담 및 지도 연습

호소문제 만5세 여아입니다. 자꾸 누워서 자신의 아랫도리를 바닥에 대고 문지릅니다. 섹스하는 장면이 연상이 되어서 뭐라고 하기도 그렇고 넘 빈번하니 다른 친구들이 배울까 걱정도 되구요. 어디가 가려워서 그럴 수도 있지만 그렇다고 생각하기엔 너무 자주 그럽니다.

목표행동

대처법

제12장

적대적 반항

사례

저희 반엔 꼬마 대장이 있습니다. 6세 4개월인 여아입니다. 체격도 또래보다 크고 말도 다른 친구들에 비해 잘합니다. 다른 활동들도 주도적이고 그래서인지 자꾸 패거리를 만들어서 자기 맘에 안드는 친구는 면전에서 다른 친구들에게 같이 놀지 말라고 합니다. 이 사실을 들은 학부모님이 항의를 하시고 원에서는 여간 난처한 것이 아닙니다. 친구들과는 사이좋게 지내야 한다고 늘 이야기 하지만 전혀 설득력이 없는 것 같습니다. 그렇다고 꼬마 대장인 그 아이를 원에 오지 못하게 할 수도 없고 정말 난감합니다.

1. 정의

적대적 반항장애란 반항, 불순종, 적대감 등 권위적 대상을 향한 지속적인 부정적 행동패턴을 하는 장애로 학령전기에 시작되어 8세 이후에 뚜렷해진다.

2. 특징

적대적 반항장애는 행동조절+정서조절 문제를 가진 경우다. 핵심 특징은 분노, 과민한(쉽게 화를 내는) 기분, 논쟁적, 반항적 행동 또는, 보복적 특성이 빈번하고 지속적으로 일어나는 것이다. 적대적 반항장애에서는 전형적으로 행동 문제뿐만 아니라 분노, 과민한 기분 증상도 함께 보인다. 이런 장애를 가진 사람은 자기 자신이 화를 잘 내거나 반항적이라고 생각하지는 않는다. 대신 자신의 이런 행동을 부당한 요구나 분위기에 대한 반응이라고 생각한다. 이런 증상은 보통은 취학 전에 나타나며 초기 청소년기 이후에 발병하는 경우는 매우 드물다(김정미 외 2인, 2015). 이런 정의에도 불구하고 DSM－V에서는 청소년기 정신장애로 분류되고 있다.

여기서는 DSM－IV의 진단기준을 명시하였다. 분명 유아동기에도 빈번히 나타나는 장애이고 집단활동 시 상당히 어려움을 야기 시키는 장애이기에 특별히 내용을 담았다.

적대적 반항장애를 다시 정리하면 화나거나/민감한 기분, 시비를 걸거나/반항하는 행동 또는 앙심이 있는 것의 빈번하고 지속적인 패턴을 특징으로 한다.

- 초기에는 불복종, 떼쓰기로 시작되어 쓸데없는 언쟁, 비협조적 또는 도전적인 행동으로 발전함.
- 친숙한 관계에서 빈번히 나타남.
- 심한 분노발작, 수동 공격적인 행동, 고의적으로 귀찮게 굴기, 언어적 공격성은 보이나 심각한 신체적 공격성은 나타나지 않음.

3. 진단

다음은 DSM－IV의 진단기준이다.

DSM－IV의 진단기준

A. 적어도 6개월 동안 다음 항목들 중에서 네 가지(혹 그 이상)의 부정적, 적대적, 반항적 행동 양상들이 지속 된다 :

(1) 종종 화를 터뜨린다.

(2) 종종 분노 발작을 일으킨다.

(3) 종종 어른들의 요구나 규칙에 따르기를 반항하거나 거부한다.

(4) 종종 고의적으로 사람들을 괴롭힌다.

(5) 종종 자신의 실수나 잘못을 다른 사람들에게 전가한다.

(6) 종종 과민해지거나 다른 사람들에 의해서 쉽게 기분이 상한다.

(7) 종종 성내고 분노한다.

(8) 종종 원한이나 앙심을 품는다.

주의 : 이 행동이 동일 연령이나 동일 발달 수준의 개인들에게서 전형적으로 관찰되는 것보다 더욱 빈번하게 발생할 때에만 규준에 맞는다고 간주한다.

B. 행동상의 장애가 사회적, 학업적, 직업적 기능에 임상적으로 중요한 손상을 유발한다.

C. 이 행동들이 정신병 혹은 기분장애의 경과 중에만 나타나는 것이 아니다.

D. CD의 진단 규준에 맞지 않아야 하고 만일 연령이 18세 이상이면 반사회적 성격장애의 진단 규준에 부합되지 않아야 한다.

비순종/ 반항의 원인

1) 부모-자녀 관계

부모들이 사용해 온 비효율적, 비일관적, 비변별적인 아이 다루기 방법으로, 종종 지나치게 엄격하면서도 비일관적인 훈육 방법 및 아동의 행동에 대한 주시 감독의 부족과 함께 나타난다.

손상된 아동과 가족의 통제실제(첫번째 요인)와 함께, 다른 세 가지의 서로 다른 인과적 영향력들이 아동들의 적대적 행동에 대한 4가지요인 모형을 구성한다.

2) 아동 특성들

두 번째 요인은 특정한 기질과 인지 특성을 가진 아동들이 다른 아동들보다 강제적-공격적 행동을 표출하고 비순종을 획득하게 되는 경향이 확실히 더 많다는 인식의 증가를 가져왔다. 특히, 정서적으로 민감하게 반응하고(높은 감수성), 쉽게 짜증을 내며, 습관이 불규칙하고, 지나치게 활동적이거나 부주의하고 충동적인 아동들은 그 같은 부정적인 기질 특성을 가지고 있지 않은 아동들보다는 파탄적 행동장애들을 보이고 반항과 강제 행동을 나타낼 가능성이 더 많은 것으로 보인다.

3) 부모 특성들

세 번째 요인, 즉 부모 쪽의 유사한 기질적, 인지적 특성들 때문에 증가되기도 한다. 미숙하고, 경험 없고, 충동적이거나, 부주의하고, 우울하고, 적대적이고, 거부적이며, 또는 다른 식의 부정적 기질을 가지고 있는 부모들은 반항적이며 공격적인 자녀를 가지게 되는 수가 훨씬 더 많다.

4) 상황적 요인들

네 번째 요인은 가족 내적, 외적으로 가족을 둘러싼 더 큰 상황적 사건들을 포함하는 것으로, 이는 아동의 반항 행동과 공격성 및 이 후의 비행의 위험성을 증가시키는데 영향을 미칠 수 있다.

〈가족의 통제 실제, 위기, 아동의 반사회적 행동간의 관계〉

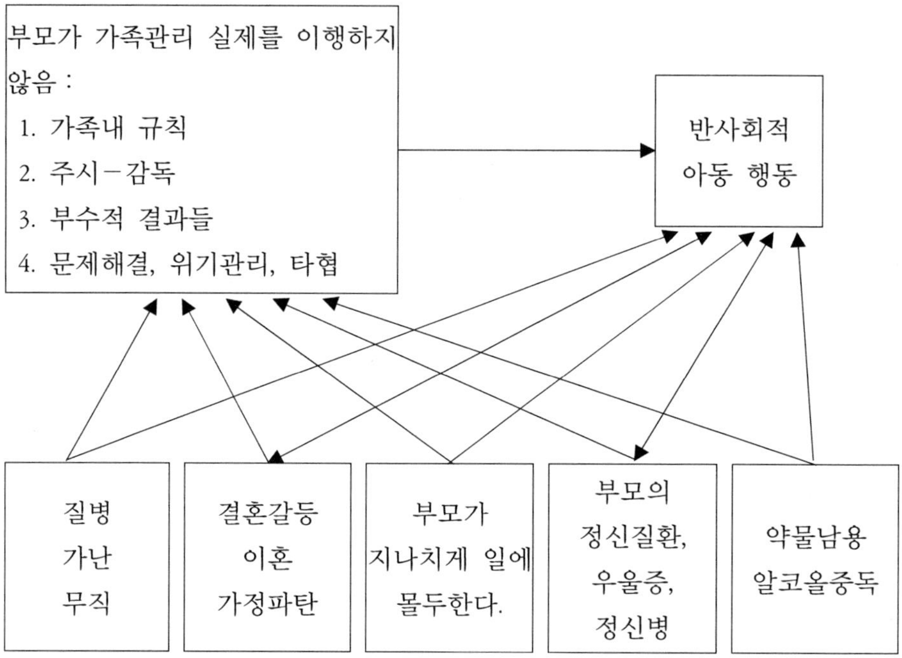

(안동현 & 김세실, 1997)

다음은 적대적 반항장애가 의심되는 유아의 놀이평가 결과지이다.

놀이평가(Play Assessment)

성　　명 : 이OO
생년월일 : 2010.03.19(2.2세)
평 가 일 : 2012.06.01.
검사목적 : 진단평가
실시검사 : 놀이평가(비구조화된)
진 단 명 : 발달지연, 언어발달 지체

1. 의뢰사유

어린이집에서 또래 친구를 못살게 굴어서 다른 학부모들의 불만이 많아서 어린이집에서 퇴거 권고를 받음. 공격적으로 굼. 때리는 거.

2. 행동관찰 및 검사태도

모와의 놀이 : 20분

평가자와의 놀이 : 20분

① 외양(appearance) 및 첫 인상

약간 통통한 편이고 왼쪽 눈 주위에 푸른 멍처럼 점이 있음. 눈동자까지 파래서 폭행의 흔적이거나 사고로 인한 것으로 오해할만 함. 울면서 들어옴. 엄마가 연신 병원 아니라고 하면서 들어옴.

상담자가 나가서 괜찮다고 여기선 울어도 된다고 하고 안아서 떼를 부리는 아이를 내려 놓으시라고 함.

내려놓고 상담자가 말을 시키면서 놀이치료실 문을 열자 눈물을 머금은 채 이내 입실함. 부모가 아이를 다루지 못해서 쩔쩔매는 것처럼 보임. 부유한 집은 아닌 것으로 보임.

② 운동 발달과 활동(motoric behavior and acitivity)

아직 대소변가리기가 안된 상태임. 걷기는 정상발달 수준이나 소근육은 아주 미숙함. 소근육을 잘 쓰려고도 하지 않음.

③ 정서(Affect and Emotion)

해맑게 웃기도 하지만 대부분은 혼자 시선도 안 맞추고 장난감을 탐색하면서 소리를 냄. 감정에 맞게 행동하는 것으로 보임. 하지만 행동이 제지되거나 하면 울고 나중엔 자신의 머리를 치는 등의 자해를 하기도 함.

④ 언어(Language)

한 단어 수준이면서, 3음절 이상의 단어는 한음만 내고 언어모방도 원활하지 못한 것으로 보임. 청각적 부분에 이상은 없어 보이고 비언어적인 것이 많음. 손을 끌거나 "주세요"같은 표현도 두 손을 모으는 정도로 표현함. 옹알이처럼 알아듣기 어려운 소리가 많음. 언어발달이 1세~1세반 정도의 수준으로 보임. 만2세 이상이면 비음이나 파열음을 완성되어가고 100~200단어는 가능하고 사물분류 기능도 있어야 한다. 동사(끼워, 빼, 떼, 까), 부사(더, 많이, 또), 누구, 어디, 관계어(크다-작다)의 의미를 아는 시기이다. 게다가 구문은 두 낱말이 조합되어 행위자 행위, 부정개념(~가 아니야)이 강하고 종결어미도(~야, ~자), 의존명사(~거), 주격조사(~가), 주제보조사(~는), 보조용언(~줘), 자기중심적이며, 대답하기 모방하기 요구하기는 이미 완성되어 있어야 함. 간단한 질문에 대답하고 친숙한 이야기가 가능해야 함. 이런 발달적 특징들이 불완전하거나 미발달 상태임.

⑤ 인지(Cognition)

인지적 탐색이나 호기심은 거의 없고

⑥ 사회성(Social)

모와의 분리시 어려움은 전혀 없음. 엄마에게 가자고 하면 엄마라고 하면서 문을 열기는 하지만 다가가지는 않음. 놀이를 연장하려는 모습이 역력함. 자신의 행동을 모방하기를 요청한다거나 하는 모습은 없음. 자신의 또래보다 발달이 떨어지는 것으로 보임.

⑦ 놀이 형태(Play Type)

- 놀이가 연령에 적절한가? 적절하지 않음
- 아동놀이에 반복적인 주제가 있는가? 소꿉놀이, 쏟기, 떼어내기
- 아동놀이의 형태는 어떠한가? 주로 조그만 조각들이라고 분리하거나 흩뜨려 놓거나 함. 상담자가 종료를 예고하고 정리하려고 하자 강하게 거부함.

울기도 하고 드러눕기도 함. 자해까지 함.

- 놀이를 시작하고 끝내는 아동의 능력은 어떠한가? 놀이시작은 있으나 끝은 없음. 시작과 끝을 이해하지 못하는 수준임.
- 특이사항이 관찰되는가? 퇴실 후에도 문을 꽝 닫거나 하는 모습을 많이 보임. 원장실에 쳐들어 와서는 팩스라든가 뭐든 버튼을 만지기도 함. 종료 후 귀가시 들려진 차키를 보면서 아버지는 아주 좋아한다고 알려줌.

3. 모-평가자 상호작용
모가 퇴실하려 하자 함께 퇴실하려고 함. 평가자에게 냉담하며 반응을 거의 보이지 않음. 특이사항에 기술한 바대로 센터 여기저기를 휩쓸고 다니고 부모는 쫓아다니면서 사정하는 모습처럼 보임. 평가자와의 놀이 평가는 포기함.

4. 요약
감정표현 방식의 개선(공격적인 부분, 때리고, 자해하고 우는 거), 언어적 통제가 원활해지고 언어적 자극을 촉진하여 제발달을 하도록 격려한다. 양육기술 부족인 부모를 상담을 통해 양육기술 습득을 돕는다.

치료접근 : 놀이치료(잔트만아동청소년상담센터, 2012)

4. 대처

흔히 말 안 듣는 아이하면 연상되는 장애이다. 유아기의 무조건 반항하는 아이에 대해 다음과 같은 일화를 통한 구체적인 대처법을 살펴보도록 한다.

① 일화 : 작은 아이의 울음소리에 아이들 방으로 달려갔더니 작은 아이가 바닥에 엎드린 채 울고 있고 큰 아이는 아직도 씩씩거리며 작은 아이를 내려다보고 있다. 작은 아이를 일으키며 보니 코피가 조금 흐른다. 왜 그랬냐고 그랬더니 말하기 싫다는 듯 "몰라요"라고만 한다. 일단 작은 아이를 진정시키기 위해서 휴지 좀 가져다주겠냐고 했더니 : 싫어요. 한다. 몇 번을 이야기해도 들은 척도 안한다.

② 대처 : 무조건 반항하는 것이 아닌 경우가 많다. 일단 어떤 문제든

엄마가 너무 예민하게 대처하지 않는 것이 문제를 악화시키지 않는 태도이다. 발달기에 특히 5세 이전까지는 자기중심적인 것이 발달 특징이다. 그래서 자기 위주로 생각하고 판단하고 그런 부분들이 엄마가 보기에는 반항하는 것으로 보일 수도 있다. 예를 들어 자기가 낮잠을 자지 않았으므로 낮이 아니라고 하는 아이들이다. 또한 어떤 지시나 명령을 했을 때 잘 따르지 않았다면 엄마의 지시가 효과적이지 못했을 수도 있다. 즉 아동이 지시를 명확히 이해하지 못했거나 엄마가 지시를 명확히 하지 안했거나 일 수 있다. 그러므로 지시를 할 때는 뜻하는 바를 확실히 하는 것이 좋다. 그리고 한꺼번에 너무 많은 지시를 하지 말아야 한다. 또한 아동이 엄마에게 집중할 수 있도록 아동과 눈을 맞추거나 아동의 얼굴을 돌려 세워 엄마의 얼굴을 쳐다보게 하는 것이 좋다. 지시를 하기 전에 불필요한 잡음이나 방해물은 제거하는 것이 좋다, 아동이 TV를 시청하거나 컴퓨터 게임을 하고 있는데 지시를 내린 다면 아동에게 지시내용이 전달되기 어려워서 결과적으로 순종적이지 않은 것으로 보일 수 있다. 지시를 내린 다음 아동에게 지시사항을 반복해보게 하는 것도 좋은 방법이다.

아동이 엄마의 지시를 잘 따랐을 때 관심을 보여주고 아동의 순종적인 행동에 긍정적인 평가를 해주어야 한다. 일단 아이가 바쁘지 않은 시간을 골라 엄마에게 휴지 좀 갖다 주렴. 혹은 엄마 로션을 이리 가져올래? 라는 식으로 아동에게 지시나 요구를 하고 따르게 한다. 그런 다음 잘 따라하면 "엄마가 시킨 대로 해주니까 너무 좋구나. 네가 휴지를 가져다 줘서 얼마나 깨끗해졌는지 좀 보렴. 네가 휴지를 가져다주다니 참 착하다" 이런 식의 칭찬을 해준다.

1~2주 정도 시간을 내서 집중적으로 이런 순종훈련을 시키면 어느 정도 반항적인 부분이 많이 해소가 될 것이다.

때론 지시한 내용과 정반대로만 행동하는 청개구리형의 아이도 있다. 정말 반항하는 것처럼 보이는 아이들이다. 이런 아이들의 경우에도 위의 순종훈련이 효과적일 것이다(황성원 외 5인, 2010).

생각해 보기

❶ 적대적 반항장애와 주의력결핍 과잉행동 장애 간에 유사점과 차이점은 무엇인가?

❷ 경중을 나눌 수는 없지만 교사나 부모에게 양육부담이 더 되는 장애는 적대적 반항장애와 주의력결핍 과잉행동 장애 중 어느 장애인가?

상담 및 지도 연습

호소문제 만6세 5개월 유정이는 남아입니다. 자주 욕을 하고 그것도 ─새끼 같은 비속어를 말입니다. 게다가 자기 요구가 즉각적으로 충족되지 않으면 마트고 미용실이건 드러누워 온각 저주섞인 말을 내뱉습니다. 엄마 죽어서 지옥 가버려... 죽여버릴 거야... 칼로 배를 쑥... 등등

목표행동

대처법

제13장

외상 후 스트레스 장애 PTSD(post traumatic stress disorder)

사례

4.11세 남아로 부산여행중 방문한 해운대 모래축제에서 안전 요원의 부적절한 대처로 인해 모래썰매를 타다 상급학년생과 충돌하였고 이후 숙소로 돌아와 3시간동안 울기 시작했고 어렵게 진정시켰다고 한다. 상경 후에도 자다가 울며 깨는 야경증을 보이며 이로 인한 수면장애로 가족 모두 고통을 받고 있으며 야뇨증이 새롭게 나타나면서 수면장애를 더욱 가속화 시키고 있다고 한다. 모는 처음 겪는 유아의 일련의 행위로 당황스럽고 힘든 상태로 외상 후 스트레스장애가 의심된다며 전문기관을 찾았다.

1. 정의

외상 후 스트레스 장애는 사람이 전쟁, 고문, 자연재해, 사고 등의 심각한 사건을 경험한 후 그 사건에 공포감을 느끼고 사건 후에도 계속적인 재 경험을 통해 고통을 느끼며 거기서 벗어나기 위해 에너지를 소비하게 되는 질환으로, 정상적인 사회생활에 부정적인 영향을 끼치게 된다.

2. 원인

외상 후 스트레스 장애는 충격적인 사건 자체가 일차적인 원인이지만 충격적인 사건을 경험한 모두가 이 질환을 경험하는 것은 아니다.

일반인 중 60%의 남자와 50%의 여자가 상당히 의미 있는 사건을 경험하지만 실제 이 질환의 평생 유병률은 6.7% 정도이다.

사건 경험 전의 심리적, 생물학적 사전 요인이 질환 발생에 관여하는 것으로 생각된다.

질환 발생과 연관된 위험인자는 다음과 같다.

1) 어렸을 때 경험한 심리적 상처의 존재
2) 성격장애나 문제
3) 부적절한 가족, 동료의 정서적 지원
4) 여성
5) 정신과 질환에 취약한 유전적 특성

6) 최근에 스트레스 많은 삶으로 변화

7) 과도한 음주

이 밖에 심리학적 원인은 어렸을 때 심리적인 충격과 관련하여 해결되지 않은 심리적인 갈등들이 현재의 사건과 맞물려 다시 일깨워지는 것으로 보는 정신분석적 모델과, 조건화된 자극이 지속적으로 공포 반응을 일으켜서 그 자극을 피하려는 행동이 문제를 일으키는 것으로 보는 인지행동적 모델로 설명하고 있다.

생물학적 요인으로는 신경전달 물질인 도파민, 노르에피네프린, 벤조다이아제핀 수용체 그리고 시상하부-뇌하수체-부신 축의 기능 등이 연관이 있는 것으로 보고되고 있다.

외상 후 스트레스 장애 환자 군에서 노르에피네프린 시스템과 시상하부-뇌하수체-부신 축의 기능이 증가되어 있다는 연구보고가 있고, 자율신경계의 반응이 과도하게 증가되어 있다는 연구결과도 있는데, 그 증거로 혈압 및 심장 박동수가 증가되어 있고 비정상적인 수면 구조를 보이는 것을 들 수 있다.

일부 연구는 이 질환이 우울장애 및 공황장애와 원인적 측면에서 유사성을 가진다는 주장을 하기도 한다.

3. 증상

외상 후 스트레스 장애의 주된 증상은 충격적인 사건의 재 경험과 이와 관련된 상황 및 자극에서 회피하는 행동을 보이는 것이다.

질환은 사건 발생 1달 후 심지어는 1년 이상 경과된 후에 시작될 수도 있다.

환자는 해리 현상이나 공황발작을 경험할 수도 있고 환청 등의 지각 이상을 경험할 수도 있다.

연관 증상으로는 공격적 성향, 충동조절 장애, 우울증, 약물 남용 등이 나타날 수 있다. 집중력 및 기억력 저하 등의 인지기능 문제가 나타날 수도 있다.

4. 진단

미국 정신의학회(American Psychiatric Association)의 정신장애 진단 통계편람(DSM－Ⅳ－TR)에 따르면, 다음 기준을 만족하면 외상 후 스트레스 장애로 진단한다.

A. 외상성 사건을 경험했던 개인에게 다음 2가지 증상이 모두 나타난다.
  1) 개인이 자신이나 타인의 실제적이거나 위협적인 죽음이나 심각한 상해, 또는 신체적 안녕에 위협을 가져다 주는 사건(들)을 경험하거나 목격하거나 직면하였을 때
  2) 개인의 반응에 극심한 공포, 무력감, 고통이 동반될 때
  ※ 주의 : 소아에서는 이런 반응 대신 지리멸렬하거나 초조한 행동을 보인다.

B. 외상성 사건을 다음과 같은 방식 가운데 1가지(또는 그 이상) 방식으로 지속적으로 재 경험할 때
  1) 사건에 대한 반복적이고 집요하게 떠오르는 고통스런 회상(영상이나 생각, 지각을 포함)
  ※ 주의 : 소아에서는 사고의 주제나 특징이 표현되는 반복적 놀이를 한다.
  2) 사건에 대한 반복적이고 괴로운 꿈
  ※ 주의 : 소아에서는 내용이 인지되지 않는 무서운 꿈

3) 마치 외상성 사건이 재발하고 있는 것 같은 행동이나 느낌(사건을 다시 경험하는 듯한 지각, 착각, 환각, 해리적인 환각 재현의 삽화들, 이런 경험은 잠에서 깨어날 때 혹은 중독 상태에서의 경험을 포함)

※ 주의 : 소아에서는 외상의 특유한 재연(놀이를 통한 재경험)이 일어난다.

4) 외상적 사건과 유사하거나 상징적인 내적 또는 외적 단서에 노출되었을 때 심각한 심리적 고통

5) 외상적 사건과 유사하거나 상징적인 내적 또는 외적 단서에 노출되었을 때의 생리적 재반응

C. 외상과 연관되는 자극을 지속적으로 회피하려 하거나, 전에는 없었던 일반적인 반응의 마비가 다음 중 3가지 이상일 때

1) 외상과 관련되는 생각, 느낌, 대화를 피한다.

2) 외상이 회상되는 행동, 장소, 사람들을 피한다.

3) 외상의 중요한 부분을 회상할 수 없다.

4) 중요한 활동에 흥미나 참여가 매우 저하되어 있다.

5) 다른 사람들로부터의 소외감

6) 정서의 범위가 제한되어 있다(예 : 사랑의 감정을 느낄 수 없다).

7) 미래가 단축된 느낌(예 : 직업, 결혼, 자녀, 정상적 삶을 기대하지 않는다)

D. 외상 전에는 존재하지 않았던 증가된 각성 반응의 증상이 2가지 이상 있을 때

1) 잠들기 어려움 또는 잠을 계속 자기 어려움

2) 자극에 과민한 상태 또는 분노의 폭발

3) 집중의 어려움

4) 지나친 경계

5) 악화된 놀람 반응

E. 장해(진단 기준 B, C, D)의 기간이 1개월 이상

F. 증상이 임상적으로 심각한 고통이나 사회적, 직업적, 다른 중요한 기능 영역에서 장해를 초래한다.

외상 후 스트레스 장애를 진단받은 후에는 다음과 같이 급성, 만성, 지연성으로 세분화할 수 있다.

(1) 급성 : 증상 기간이 3개월 이하
(2) 만성 : 증상 기간이 3개월 이상
(3) 지연성 : 스트레스 발생 후 적어도 6개월 이후 증상이 나타난다.

5. 검사

외상 후 스트레스 장애 진단에 있어 우선적인 고려 사항은 사고 당시 뇌 손상에 의한 증상 발생의 가능성을 배제하는 것이다.

뇌 자기공명영상 촬영 등 뇌 손상 정도 평가에 관한 검사가 필요할 수 있다. 또한 알코올 등의 물질 남용, 간질 등의 기질적 질환에 대한 감별이 이루어져야 하고 이에 필요한 뇌파 검사 등의 검사가 필요할 수 있다.

타 정신과 질환으로 오진되는 경우가 있으므로 불안장애, 우울장애, 통증장애, 그리고 물질남용 등의 질환을 가진 환자는 외상 후 스트레스 장애 존재 유무를 의심해봐야 한다.

6. 치료

충격적인 사건을 당한 사람에게 우선적으로 제공해야 할 것은 정서적인 지지와 그 사건에 대해 함께 이야기를 나눌 수 있는 용기를 북돋는 것이다.

또한 이 상황을 잘 이겨낼 수 있도록 이완요법 등의 적응 방법을 교육하는 것도 좋은 치료방법이다.

또한 외상 후 스트레스 장애라는 질환과 치료에 대한 교육이 필요하다.

치료는 다른 질환과 마찬가지로 약물치료와 정신치료 요법이 사용되는데, 약물치료로는 SSRI(selective serotonin reuptake inhibitor)가 우선적으로 고려되는 약물로써, 이 약물은 우울증 및 다른 불안장애의 증상과 유사한 증상뿐만 아니라 외상 후 스트레스 장애 고유의 증상도 호전시킨다.

정신치료 요법으로는 정신역동적 정신치료가 도움이 될 수 있다. 이 밖에 행동치료, 인지치료, 최면 요법 등이 심리요법으로 활용되고 있다.

7. 경과/합병증

사건(trauma) 후 외상 후 스트레스 장애 증상의 발생은 짧게는 일주일부터 길게는 30년 이후에도 가능하다.

증상의 정도는 시간에 따라 변화하고 스트레스 시기에 강하게 나타난다.

치료하지 않는 경우에 30%는 저절로 정상으로 돌아오고, 40% 정도는 가벼운 증상을 지속적으로 경험한다. 20% 정도는 중등도의 증상을 지속적으로 경험하며 10%는 증상의 호전이 없고 심지어는 증상이 악화된다. 일반적으로 나이가 매우 어리거나 반대로 고령에서 발생한 경우 중장년층에 비해 더 어려움을 경험한다.

다른 질환이 있는 경우 예후가 좋지 못하며 좋은 사회적 관계가 존재하는 경우 예후가 좋은 것으로 알려져 있다(네이버 지식백과 서울대학병원 제공).

생각해보기

❶ 스트레스가 되는 사건 발생 후 경과 정도에 따라 PTSD는 정상 혹은 이상범주로 나눌 수 있을까요?

❷ 스트레스 지수가 가장 높은 외상적 사건은 어떤 것이 있을까요?

상담 및 지도 연습

호소문제 4.11세 남아로 부산여행 중 방문한 해운대 모래축제에서 안전요원의 부적절한 대처로 인해 모래썰매를 타다 상급학년생과 충돌하였고 이후 숙소로 돌아와 3시간 동안 울기 시작했고 어렵게 진정시켰다고 한다. 상경 후에도 자다가 울며 깨는 야경증을 보이며 이로 인한 수면장애로 가족 모두 고통을 받고 있으며 야뇨증이 새롭게 나타나면서 수면장애를 더욱 가속화시키고 있다고 한다.

목표행동

대처법

제14장

영유아기 불안장애

사례

손톱을 물어뜯는다던가... 머리가 아프다던가... 가족들이 발견할 만한 불안증의 증상이 있을까요?

ㅡ불안증은 신체적 증상을 동반하는 경우가 많습니다.
두통, 대장질환 등, 흔히 배가 아프면서 갑자기 화장실이 급하거나 하는 식, 신경성 대장질환의 경우에 그럴 수 있고 인중이 떨리거나 손을 떨거나 하는 모습을 보이기도 하고 공황발작 같은 경우는 호흡곤란을 호소하기도 하고 현기증을 호소하면서 쓰러지기도 하므로 쉽게 발견될 수 있습니다. 그런데 병원에 갔더니 신체적 이상이 없다고 하면 불안증의 결과일 수 있습니다. 그리고 작은 소리에도 놀란다거나 다른 사람들에겐 괜찮은 상황이나 물건에 과도하게 긴장하거나 불편해하는 증상을 호소하는 경우 등입니다. 제가 본 내담자 중에 첫 호소가 트럭을 무서워 한다는 것인데요. 사실 트럭을 무서워해야지요. 큰 차는 뭐든 조심해야 하지만 과도하다는 거죠. 마치 눈앞에 강도라도 만난양 울고 주저앉고 그렇게...

1. 정의

불안(anxiety)이란 인간이 막연하게 인식하는 위험에 대해 정서적, 신체적, 생리적으로 나타나는 반응이며, 일반적으로 쉽게 노출된다. 즉 불안은 가까운 미래에 어떤 불길하거나 무서운 일이 일어날 것만 같은 공포, 각성, 불쾌감, 두려움의 정서, 또는 느낌의 상태라고 할 수 있다(Smart & Smart, 1977, 재인용). 쉽게 관심사에 빠져들고 사회적으로 고립되며, 우울과 공포를 느낀다. 정상적 단체 활동 참여가 미흡할 뿐만 아니라 이유 없는 고통을 호소하기도 한다. 이와 같은 불안의 개념은 유아 발달상의 문제 및 장애의 증상을 이해하는데 핵심이 된다(Saul, 1980, 재인용).

불안이란 사람이 친숙하지 않은 환경에 적응하고자 할 때 나타나는 가장 기본적인 반응 양상이다. 정상적인 불안은 위험을 내포한 위협적인 상황에서 느끼는 자연스럽고 적응적인 심리적 반응인 반면에 병적인 불안은 불안반응이 부적응적인 양상으로 작용하는 것을 말한다. 병적인 불안은 다음과 같은 점에서 구별된다.

- 현실적인 위험이 없는 상황이나 대상에 대해서 불안을 느끼는 경우
- 현실적인 위험의 정도에 비해 과도하게 심한 불안을 느끼는 경우
- 불안을 느끼게 한 위협적인 요인이 사라졌음에도 불구하고 불안이 과도하게 지속되는 경우

정신분석 이론에서는 불안을 임박한 위험을 경고하는 경계신호로서 심리적 평형상태를 위협하는 생각이나 충동에 대한 위험신호로 보고 있으며, 학습이론에서는 불안을 과거에 벌과 함께 경험한 어떤 자극에 대해

조건화된 공포반응이라고 본다. 유전학적 이론에서는 어떤 사람은 일반 사람들과 달리 특정 스트레스를 받는 상황에서 병적으로 불안해지는 신체적 조건을 타고난다고 보고 있다(김영한 외 9인, 2015). 불안장애는 과도한 불안과 더불어 미래에 대해 걱정과 불길한 기대를 가지며 이러한 걱정이 잘 통제되지 않을 것을 말한다.

2. 특징

전형적인 불안장애의 증세는 다음과 같다.

- 항상 걱정에 시달리는 것이 주된 특징이다.
- 안절부절 못하고 쉽게 피곤해지며 주의집중이 어렵고 근육이 긴장되거나 수면장애가 있다.
- 불안을 유발하는 자극이나 상황이 모호한 경우가 많고, 외적인 상황과 관계없이 불안을 경험한다.
- 여러 종류 상황에 대한 공포를 느끼지만 공포장애에 비해 불안을 유발하는 자극 상황이 불특정적이고 광범위하며 다양하다.
- 불안증은 남자보다 여자에게서 약간 더 많다(여자가 거의 2/3).
- 불안증은 매우 오래 지속되는 경향이 있다. 또한 불안장애 환자 중에서 절반 정도는 성격장애와 동시에 진단되기도 한다. 이들에게 가장 흔하게 동반되는 성격장애는 회피적이거나 의존적인 유형의 성격장애이다.
- 회피적 성격장애 : 비판이나 거절에 대한 두려움 때문에 직업 활동과 같은 대인관계를 회피하고, 부끄러움과 조소를 받을 것에 대해

두려워하여 친밀한 관계를 잘 맺지 못한다. 사회적으로 억제되어 있고 부적절감을 느끼며 타인의 부정적인 평가에 매우 예민하게 느끼는 성격이다.

- 의존성 성격장애 : 일상적인 일이나 결정을 스스로 하지 못하고 다른 사람에게 과도하게 의존하는 성향이 특징이 있다. 혼자 있을 때는 무력함을 느끼고 자신감이 없으며 다른 사람의 요구에 순종하는 경향이 강하다.
- 불안장애는 사회공포증(대인공포) 또는 대인불안과도 밀접한 관계가 있다.
- 불안장애 환자들은 종종 사회적으로 불안하고 확신이 없으며 사기가 저하되고 우울한 경우가 많다.

불안장애는 유아들이 보통의 일상적인 상호작용과 일상적으로 반복되는 행동을 하거나 규범적인 발달 과제에 직면할 때 불안이나 두려움을 느끼는 것이 특징이다. 증상으로는 확연한 기분조절 장애, 분리와 전화 시에 지나치게 어려움을 느끼는 것, 자신이나 타인을 향한 무모한 행동과 공격성이 있다(이경숙 외 5외, 2014).

3. 진단

축Ⅰ : 일차 진단－영유아기 불안장애

축Ⅱ : 관계 장애 분류－불안하고, 긴장된 패턴의 특징을 보이며 신체적 학대의 관계 상호작용을 초래하는 복합적 관계 장애

축Ⅲ : 의학적, 발달적 장애 및 상태－건강이나 발달상의 우려는 없음

축Ⅳ : 심리사회적 스트레스 요인 – 환경 속에서의 폭력, 학대 : 신체적 학대, 가난, 생활환경의 갑작스런 변화, 형제의 출생

축Ⅴ : 기능적, 정서적 발달단계 – 연령에 맞는 수준의 상호주의, 상호교류, 상호작용적 의도성 및 상호작용 달성. 연령에 맞는 수준의 표상적, 정서적 의사소통을 하지만 스트레스에 취약하며 주로 분노의 정서를 보인다.

PIR – GAS : 10(전반적으로 손상된)(이경숙 외 5외, 2014)

유아기에 잘 나타나는 불안장애로는 분리불안 장애와 회피성 장애, 과잉불안장애가 있다(박화문 외 6인, 2001). DSM – V에서는 불안장애를 발병 연령에 따라 순서대로 유아동기에 시작되는 분리불안 장애(Separation Anxiety Disorder), 선택적 함구증(Selective Mutism), 특정 공포증(Specific Phobia)으로 나누어 제시하고 있으며(김정미 외 2인, 2015), 청소년기 이후에 시작되는 사회불안 장애(사회공포증)[Social Anxiety Disorder(Social Phobia)], 공황장애(Panic Disorder), 광장공포증(Agoraphobia), 범불안장애(Generalized Anxiety Disorder)를 포함시키고 있다.

(1) 분리불안 장애

분리불안은 애착대상으로부터 분리될 때 혹은 분리될 것으로 예상될 때 느끼는 불안의 정도가 일상생활을 위협할 정도로 심하고 지속적인 경우를 말한다. 즉 집이나 주요 애착대상으로부터 분리될 때 사회적 위축, 무감동, 슬픔을 보이고 일과 놀이에 집중하지 못하는 것을 말한다(임혁 & 채인숙, 2015). 주된 애착대상을 뜻밖의 사고로 잃거나 애착대상과 분리되는 것에 대해 지속적이고 과도한 걱정을 하며, 애착대상과 떨어지는 데 대한 두려

움으로 집이 아닌 다른 장소에 가는 것도 꺼린다. 애착대상과의 분리나 이별이 일어나거나 예상될 때, 두통이나 구토와 같은 신체적 증상들이 나타날 수도 있다.

DSM-V의 분리불안 장애 진단기준

A. 적어도 다음 중 세 가지로 입증되듯이, 개인이 애착을 느끼는 대상과 떨어지는 것에 발달적으로 부적절하게 과도한 두려움이나 불안을 느낌

1. 집 또는 주된 애착대상과의 분리를 경험하거나 분리가 예상될 때 반복되는 과도한 불안
2. 주된 애착대상을 잃거나 그 대상에게 나타날 수 있는 질병, 부상, 재난 또는 죽음과 같은 해로운 일에 대한 지속적이고 과도한 걱정
3. 뜻밖의 불행한 사고(예시 : 길을 잃거나 유괴되거나, 사고를 당하거나, 아프게 되는 것)로 주된 애착대상과 분리되는 것에 대한 지속적이고 과도한 걱정
4. 분리에 대한 두려움 때문에 집을 떠나 학교, 직장 또는 다른 곳에 나가는 것에 대한 지속적인 꺼림 또는 거부
5. 혼자 있거나 주된 애착대상 없이 집 또는 다른 환경에 있는 것에 대한 지속적이고 과도한 두려움 또는 꺼림
6. 집을 떠나 숙박하거나 주된 애착대상과 가까이 있지 않은 채 잠드는 것에 대한 지속적인 꺼림 또는 거부
7. 분리의 주제(theme)에 관련한 반복적 악몽
8. 주된 애착대상과의 분리가 발생하거나 예상될 때, 신체적 증상들(예시 : 두통, 복통, 메스꺼움, 구토)에 대한 반복적인 불평들

B. 두려움, 불안 및 기피가 아동·청소년에게는 적어도 4주 동안, 성인에게는 일반적으로 6개월 이상 지속됨

C. 장애는 사회적·학습적·직업적 또는 기타 중요한 영역의 기능에서 임상적으로 중요한 고통이나 손상을 초래함

D. 장애는 자폐 스펙트럼 장애에서 변화에 대한 과도한 저항 때문에 집을 떠나는 것을 거부하는 것, 정신병적 장애에서 분리에 관한 망상 또는 환각, 광장

공포증에서 믿을 수 있는 동행 없이 나가는 것에 대한 거부, 일반적 불안장애에서 나쁜 건강 또는 중요한 다른 사람들에게 다른 해가 닥칠까봐 걱정하는 것, 질병불안 장애(Illness Anxiety Disorder)에서 질병을 가졌을까 봐 걱정하는 것과 같이 다른 정신장애에 의해 더 잘 설명되지 않음

(이순민, 2014)

(2) 선택적 함구증

선택적 함구증은 정상적 혹은 정상에 가까운 수준의 언어 사용을 할 수 있음에도 불구하고 학교생활 등 말을 해야 하는 특정한 상황에서 입을 다물고 말을 하지 않는 것이다. 특정 상황에 대한 두려움을 가지고, 지나친 부끄러움이나 강박, 분노발작 또는 사회적 위축 등의 행동이 나타나기도 한다(이순민, 2014). 주로 5세 이전에 발병하며 부정적 정서성(신경증성 경향성)과 같은 기질적 위험 인자, 행동 억제, 부모의 수줍음, 사회적 고립, 사회불안이 영향을 미칠 수 있으며 과잉 보호적이고 지시적인 부모의 사회적 억제가 원인이 될 수 있다(김정미 외 2인, 2015).

자녀 양육 시에 과잉보호는 그 어떤 요인보다 자녀의 발달에 치명적인 해악을 끼친다. 물론 정상적인 발달단계를 알기 어려운 비전문가인 부모가 정상적 발달의 순서대로 필요한 자극을 체크하고 부족한 부분은 도전의 기회를 통해 발달할 수 있도록 돕는 일은 쉬운 일이 아니다. 하지만 그렇다고 하더라도 무조건적인 양육태도 자녀가 스스로 할 수 있는 기회를 박탈하면서 까지 이루어지는 부모의 과잉 양육은 과잉보호, 과잉 간섭 등의 용어들로 대변되듯 자녀 발달에 부정적인 영향을 미친다. 분명 방임과는 구별되어야 하지만 스스로 발달할 수 있는 기회의 제공은 좋은 부모의 절실한 태도라고 보여 진다.

DSM-V의 선택적 함구증 진단기준

A. 다른 상황에서는 말을 할 수 있음에도 불구하고, 말하기가 기대되는 특정한 사회적 상황(예시 : 학교)에서 말을 하는 데 지속적으로 실패함
B. 장애가 학업적·직업적 성취 또는 사회적 의사소통을 방해함
C. 장애의 기간이 적어도 1개월 동안 지속됨(입학 후 처음 1개월은 해당하지 않음)
D. 말을 하지 못하는 것이 사회적 상황에서 요구되는 구어체 언어에 대한 지식이 부족하거나 구어체 언어가 편하지 않기 때문은 아님
E. 장애는 의사소통 장애(예시 : 아동기 발병 유창성 장애)에 의해 더 잘 설명되지 않고, 자폐 스펙트럼 장애, 정신분열증 또는 다른 정신병적 장애의 진행 중에만 전적으로 나타나는 것이 아님.

(이순민, 2014)

미국 유학중인 대학 동창생의 딸을 상담한 적이 있다. 내원하기에 위치적으로 너무 멀어서 구지 다른 기관으로 의뢰하려는데 검사라도 받고 싶다는 간절한 요청으로 상담이 이루어졌다. 첫 내원 시 선택적 함구증이라고 이미 전화로 호소 문제를 들은 상황이었으나 센터를 들어서는 모습을 보면서 상담자는 다른 문제가 불현 듯 떠올랐다. 검사를 하고 놀이치료를 결정한 후 몇 회기를 진행했고 상담자의 이런 의심이 실제로 확인이 되기 시작했다. 바로 영아기 성추행 사건이었다. 놀이치료를 몇 회기 진행한 어느날 가족 인형 중에서 한 인형을 가지고 오더니 여전히 말을 안 하고 있던 내담자가 신음소리 비슷한 것을 내면서 인형을 상담자의 얼굴에 갖다 대면서 상담자가 시연해주길 바란 것이다. 맘속으로는 상당히 놀랐지만 내색 없이 단호하게 그건 상담자가 할 수 없다고 이야기를 하고 다른 놀이로 전환하였다. 그 후 부모상담시에 내담자가 1~2세경에 어떤 양육환경이었는지 어떤 조짐이 있었는지 확인하게 되었고 돌도 되기 전 직장맘인 모

대신에 내담자를 돌봐주던 베이비시터가 있었고 그 집에 데려다 주고 데리고 오는 과정 중에 어느 날 갑자기 내담자가 짜증을 부리고 가기 싫어하고 급기야 은밀한 곳에 상처가 있어 산부인과에 내원했었던 적이 있다는 이야기를 듣게 되었다. 상담자의 치료과정을 설명해주면서 내담자가 어린 시절 성추행 경험으로 인해 발달이 되면서 막연한 불쾌감이 함구증이란 병증으로 나타난 것 같다는 진단을 내렸다. 다시 미국으로 돌아갈 수밖에 없어서 당분간 모가 안전한 환경이라는 확인을 내담자에게 주고 치료를 이어가되 여성 치료자를 선택하는 것이 좋겠다는 조언을 하는 것으로 치료상담을 마무리 한 경우였다. 정말 선택적 함구증의 원인이 어린 시절 성추행 때문일 것이라고는 아무도 생각할 수 없었던 경우였다. 하지만 특히 어린 영유아기에는 선택적 함구증은 다양한 원인들로 발생할 수 있고 왜곡된 원인으로 나타나기도 한다.

(3) 특정 공포증

특정 공포증이란 인식할 수 있는 명확한 대상이나 상황에 대한 현저하고도 지속적인 두려움을 갖는 장애이다. 다음과 같이 형태가 포함된다.

- 동물형 : 동물이나 곤충을 두려워한다.
- 자연환경형 : 높은 곳, 천둥이나 폭풍 등 자연환경을 두려워한다.
- 혈액－주사－손상형 : 피를 보거나 주사를 맞는 것과 같은 신체적 손상을 두려워한다.
- 상황형 : 비행기나 승강기 안 또는 폐쇄된 공간과 같은 특정 상황을 두려워한다.
- 기타형 : 두려움이 기타 자극에 의해 촉발되는 경우로서 질식이나

구토가 유발될 수 있는 상황이나, 큰 소리나 분장한 인물에 대한 아동들의 두려움이 여기에 해당된다(이순민, 2014). 다른 불안장애와 달리 특정한 인지 왜곡은 없으며, 공포, 불안, 회피는 대부분 위험상황에서 즉각적으로 발생하며 처해진 위험에 비해 정도가 지나치고 지속적이다. 주로 10세 이전에 발생하는데 아동에게는 두 가지를 고려해야 한다. 아동의 경우 공포나 불안은 울기, 발작, 얼어붙거나 매달리는 것으로 표현되며 어린아이들은 대개 회피의 개념을 이해하지 못하여 부모, 교사, 혹은 아이를 잘 아는 다른 누군가로부터 추가 정보를 얻어야 한다(김정미 외 2인, 2015).

DSM-V의 특정공포증 진단기준

A. 특정 대상이나 상황에 대한 현저한 공포나 불안(예시 : 비행, 높은 곳, 동물, 주사 맞는 것, 피를 보는 것)
주 : 아동의 경우 두려움이나 불안이 울기, 짜증, 얼어붙음, 매달리기로 표현될 수 있음

B. 공포증이 있는 물체 또는 상황은 거의 항상 즉각적 두려움이나 불안이 유발됨

C. 공포증이 있는 물체 또는 상황을 적극적으로 피하거나, 극심한 두려움이나 불안을 갖고 견딤

D. 공포나 불안감이 특정 물체나 상황에 의해 제기된 실제 위험이나 사회문화적 문맥에 비해 너무 큼

E. 공포, 불안감, 회피가 지속되며, 보통 6개월 이상 계속됨

F. 공포, 불안감, 회피가 임상적으로 큰 고통이나 사회적·직업적 또는 기타 중요한 영역의 기능에서 손상을 야기함

G. 장애는 두려움, 불안, 공황발작과 같은 증상들과 연관된 상황의 회피나 다른 무력화하는 증상들(광장 공포증에서처럼), 강박증에 관련된 물체들이나 상황들(강박장애에서처럼), 정신적 외상을 초래하는 사건들을 생각나게 하는 것들(외상 후 스트레스 장애에서처럼), 집이나 애착대상으로부터의 분

리(분리불안 장애에서처럼), 또는 사회적 상황들(사회불안 장애에서처럼)을 포함한 다른 정신병적 장애의 증상들에 의해 더 잘 설명되지 않음

만약 해당된다면 명시할 것 :

공포 자극들을 바탕으로 부호화함

동물형(예시 : 거미, 곤충, 개)

자연환경형(예시 : 높은 곳, 폭풍, 물)

혈액-주사-손상형(예시 : 주사, 외과적 의학 절차)

상황형(예시 : 비행기, 승강기, 폐쇄된 장소)

기타형(예시 : 질식이나 구토가 유발될 수 있는 상황, 아동의 경우 큰 소리나 분장한 인물)

(이순민, 2014)

예를 들면, 높은 곳에서 떨어진 경험이 있는 유아는 고소 공포증과 같은 불안을 높은 곳에 올라가면 반복해서 느끼게 될 것이다. 그런 현상을 피할 수 있는 상황이라면 치료나 상담이 필요치 않겠지만 현실은 고층 아파트와 고층 건물들이 많아서 피하고만 살 수 있는 환경이 아니다. 높은 곳만 피하면 되던 것이 그런 공포를 유발한 경험과 연합된 자극들 즉 그때 맡았던 냄새, 보았던 색깔, 같이 있었던 사람들의 특성 여성이라든가 남성 이런 식으로 자꾸 공포를 가중시키는 부분이 확대되는 양상이라면 반드시 치료를 하지 않을 수 없다.

생각해 보기

❶ 불안장애와 우울증과의 관계는 어떠한가?
❷ 유아동기에 가장 빈번히 나타나는 증상은 분리불안 장애, 선택적 함구증, 특정 공포증 중 무엇인가?

상담 및 지도 연습

호소문제 손톱을 물어뜯는다던가... 머리가 아프다던가... 가족들이 발견할 만한 불안증의 증상이 있다. 두통, 대장질환 등, 흔히 배가 아프면서 갑자기 화장실이 급하거나 하는 식, 신경성 대장질환의 경우에 그럴 수 있고 인중이 떨리거나 손을 떨거나 하는 모습을 보이기도 하고 공황발작 같은 경우는 호흡곤란을 호소하기도 하고 현기증을 호소하면서 쓰러지기도 하므로 쉽게 발견될 수 있습니다. 그런데 병원에 갔더니 신체적 이상이 없다고 하면 불안증의 결과일 수 있습니다. 그리고 작은 소리에도 놀랜다거나 다른 사람들에겐 괜찮은 상황이나 물건에 과도하게 긴장하거나 불편해 하는 증상을 호소하는 경우 등입니다. 제가 본 내담자 중에 첫 호소가 트럭을 무서워한다는 것인데요. 사실 트럭을 무서워해야지요. 큰 차는 뭐든 조심해야 하지만 과도하다는 거죠. 마치 눈앞에 강도라도 만난 양 울고 주저앉고 그렇게...

목표행동

대처법

제15장

유아동기 문제의 만병 통치약

1. 자아존중감

자아존중감은 한 개인으로서 그가 가지는 가치에 대한 종합적인 평가를 의미한다. 자기 개념과 자아존중감은 매우 밀접한 관련이 있으며, 긍정적인 자기 개념을 가졌을 경우 자아존중감이 높다고 할 수 있다. 일반적으로 자아존중감이 낮은 사람은 높은 사람들보다 더 많은 정서적 문제를 가지는 경향이 있다. 그 중에서 특히 불안, 우울, 공격, 긴장, 분개, 소외감, 불행, 불면증, 정신, 신체 증상들을 겪는다.

일반적으로 자아존중감 결여로 나타나는 행동유형은 다음과 같다.

- 허풍과 과정
- 헐뜯기
- 자기 합리화
- 완벽주의
- 수줍음
- 자기평가 절하
- 방어적 순응
- 외톨이 되기
- 과잉성취 동기 욕구
- 절대적으로 좋은 사람
- 냉소적 태도

자아존중감은 언제 형성되는가? 자아존중감은 인생 초기부터 형성된다고 하며, 특히 부모의 관여, 인정, 지원 등이 아동들의 자아존중감에 영향을 준다고 한다. 그리고 자기 자신에 대한 스스로의 판단이 역시 중요한 영향을 미친다. 자기 판단의 중요한 기초는 자신이 준거집단으로 선택한 사람들과의 비교에서 얼마나 긍정적으로 평가하느냐에 달려 있다(임혁 & 채인숙, 2015). 요즘 흔히 듣는 완벽한 스펙의 엄친아, 엄친 딸과 같은 용어는 성장하는 과정에서 우리가 한번쯤은 겪은 옆집 아이와의 비교, 친척과의 비교의 완벽한 기준으로 삼는 용어인 것이다. 한 번도 엄친아, 엄친 딸이었던 적이 없었던 우리라면 그 용어는 비교의 절대지표이면서 아픔의 상징이고 자아존중감을 해치는 대표적 용어인 것이다.

자아존중감을 높이는 방법

자기의 모습은 자기가 통제할 수 있음을 인식하라. 남들을 당신의 기준에 끌어들이지 말라. 비현실적인 목표를 인식하라. 부정적인 속엣말(자기－말)을 변화시켜라. 자신의 강점이나 장점을 찾고 이를 부각시켜라. 끊임없이 자기 개발을 위해 노력해라. 긍정적인 시각으로 타인을 대하라.

(이민규, 2004)

2. 자존감

(1) 자존감을 높이는 방법

자존감이 높은 아이는 공감능력이 뛰어 날 수밖에 없고 이 따뜻한 능력은 다시 리더십을 키운다는 것이다. 공감은 다른 사람의 입장에서 볼 수 있고, 또 그 사람이 느끼는 바를 느낄 수 있는 감성능력이다. 교육학에서는 공감을 자신의 정서를 다룰 수 있는 능력이 생긴 후에 형성되는 타인의 정서인식 능력, 즉 '사람을 사귀는 기술'의 기본이라고 말한다. 타인의 정서에 더 많이 공감하는 사람은 다른 사람의 필요나 요구가 나타나는 미묘한 감정 신호를 잘 받아들인다. 사람을 더 잘 이해하게 되는 것이다. 다른 사람들이 각각 제 목소리를 낼 수 있도록 배려하는 것, 각 사람이 가지고 있는 긍정적인 면을 잘 찾아주고 존중해주는 것 그리고 그것을 잘 조합해서 결국에는 원하는 결과를 도출해낼 수 있는 것, 이것이 리더십이다. 결국 좋은 리더십은 아이가 내향적이냐 외향적이냐가 아니라 다른 사람의 장점과 단점을 알고 그중 장점을 살릴 수 있게 해 목표를 달성하는 능력, 즉 다른 사람을 존중하고 공감하는 능력과 관련되어 있다. 자존감이 높고 공감능력이 높은 아이들에게 리더십이 더 많다는 것은 당연한 결과일지 모른다.

남을 이해할 줄 아는 자존감 높은 아이들 그들에게는 또 다른 능력이 하나 더 있다. 공감능력이 높기 때문에 가능한 능력, 바로 남다른 의사소통 능력이다. 자존감이 높은 아이들은 자신의 생각과 아이디어, 정서적 느낌 등을 다른 사람에게 정확하게 표현할 뿐 아니라 다른 사람의 생각과 느낌을 제대로 파악할 수 있는 쌍방적 의사소통 능력이 뛰어나다. 의사소통 능력은 리더십을 구성하는 중요한 요소이기도 하다. 바로 이 의사소통 능력의 핵심은 바로 '경청'이다. 경청은 다른 사람과 의사소통을 하기 위한 기본자세이다. 다른 사람의 말을 잘 들어야 그 사람의 생각이나 마음을 알 수 있고, 알아야 공감할 수 있으며, 공감해야 효율적인 의사소통이 가능하다. 이것은 내 의견이 중요한 만큼 다른 사람의 의견이 중요하다는 것을 아는 것, 즉 타인을 존중하는 마음이 필요하다는 것이다. 자존감이 높은 아이가 남의 이야기를 잘 들을 수 있고 공감하는 능력이 있으며, 의사소통 능력도 뛰어나 이유는 이 때문이다. 그런데 경청하는 습관은 하루아침에 생기지 않는다. 다른 사람의 말에 주의를 기울이는 자세는 부모의 말에 주의를 기울이는 습관에서 비롯되며, 이는 아이의 말을 주의 깊게 들어준 부모의 태도에서 생긴다. 경청하는 아이를 만들고 싶다면 다음의 원칙을 준수하라.

첫째, 주의 깊게 듣고 있다는 것을 행동으로 보여줘라.

판소리의 추임새처럼 대화를 나눌 때도 흥을 돋워주는 행동이 필요하다. 예를 들면, 고개를 끄덕여 주거나 적절하게 웃거나 슬픈 표정을 짓는 등의 행동을 말한다. 이런 행동은 아이에게 부모가 자신의 말에 정말 귀를 기울이고 있구나 하는 느낌을 준다(정지은 외 3인, 2010). 비록 전문 상담가가 아니더라도 대화에서는 이런 태도가 가장 중요할 것이다. 물론 전문상담에서는 중요한 덕목으로 여기는 부분이기도 하고 전문 상담에서 기본적인 태도로 강조해도 부족함이 없는 기법이다.

둘째, 감정 이입된 감탄사를 하라.

행동만으로는 부족하다. '정말 대단한 걸', 또는 '슬펐겠구나', '재미있었겠다' 등 아이의 마음을 이해하고 있음을 말로 표현해준다. 이런 표현은 아이와의 대화가 부모에게 중요하다는 것과 아이의 느낌이나 생각에 부모도 공감하고 있다는 것을 전하게 된다. 자신을 이해해주는 사람과의 대화는 즐겁다(정지은 외 3인, 2010). 물론이다. 소통이 잘되는 대화는 또 다른 힐링이 된다. 아이는 자신에게 무슨 일이 발생하거나 새로운 생각이 떠오를 때 가장 처음 부모에게 말하고 싶어질 것이다(정지은 외 3인, 2010). 어린 아이일수록 그럴 것이다. 하지만 대부분 가장 먼저 말하고 싶은 대상이 부모는 아니라고 본다. 이건 순전히 부모의 바램이다. 유토피아다. 부모가 아니더라도 누가 되었든 자신의 생각이나 자신에게 생긴 희한한 사건을 이야기 할 수 있음 그것이 최선이다.

셋째, 아이가 말하는 도중에 끼어들지 마라.

가끔씩 아이는 앞뒤가 맞지 않는 이야기를 중언부언하며 끝도 없이 해댄다. 그렇다고 아이가 말을 하는 중에 이야기를 끊어서는 안 된다. 그런 방해를 받으면 아이는 누군가와 자신의 생각과 감정을 나누는 것에 불안을 느끼게 될지 모른다. 또는 자신과 생각이 다른 사람의 말은 무시하는 아이로 자랄지도 모른다(정지은 외 3인, 2010). 그러나 이 부분은 동의하기 어렵다. 너무 비관적이고 파국적인 결론이다. 적당히 말을 정리해주는 것도 두 번째 기법으로 처리될 수도 있을 것이다.

(2) 내 아이 강점지능 발견하기

강점지능의 또 다른 말은 재능이고 잠재능력이다. 내 아이에게 숨어 있는 능력이 무엇인지 알기 위해서는 아이의 안테나가 어디로 뻗어 있는지, 즉 무엇에 호기심을 갖는지를 파악해야 한다. 그 다음에는 평소 아이의 행동패턴을 유심히 관찰해보는 것도 좋다.

다음에 예시된 문항을 잘 읽고 내 아이에게 더 가깝다고 생각되는 것에 체크해보자.	
언어지능	
유치원에서 있었던 일을 엄마에게 재미있게 말해준다.	
2. 일기나 독후감을 잘 써서 상을 타곤 한다.	
3. 다른 사람이 이야기 하는 것의 요점을 잘 파악한다.	
4. 자신이 상상한 것을 말로 잘 표현한다.	
5. 다른 사람 집에 가면 먼저 어떤 책이 있는지 살펴본다.	
6. 또래와 말싸움을 하면 꼭 이기는 편이다.	
7. 끝말잇기 놀이나 쿵쿵따 놀이를 좋아한다.	
8. 자신이 읽은 책을 동생에게 재미있게 이야기해준다.	
9. 자신의 의견을 정확하게 표현한다.	
10. 유행어를 상황에 맞춰 잘 구사할 수 있다.	
11. 밤에 잠을 잘 때 엄마에게 책을 많이 읽어달라고 한다.	
12. 도서관이나 대형 서점에서 집중하여 책을 본다.	
13. 인형 놀이나 역할 놀이를 할 때 혼자서 여러 배역을 소화하며 논다.	
14. 자신의 생각이나 느낌을 다양한 어휘로 표현한다.	
15. 사람들 앞에서 발표하는 것을 좋아한다.	
논리수학 지능	
1. 수학이나 과학 과목을 좋아한다.	
2. 장기나 바둑 등 머리를 쓰는 보드 게임을 좋아한다.	
3. 이야기를 할 때 앞뒤 순서에 맞춰 조리 있게 말한다.	
4. 돈 계산이나 물건 개수를 셈하는 게 빠르다.	
5. 왜? 라는 질문을 많이 하는 편이다.	

6. 로봇, 우주과학 체험전이나 과학관 나들이를 좋아한다.	
7. 틀린 문제는 반드시 해결하고 넘어가야 한다.	
8. 궁금증에 대한 답을 구체적인 숫자로 듣는 것을 좋아한다.	
9. 컴퓨터나 가전제품 등 기계의 작동 원리를 궁금해 한다.	
10. 방을 정리할 때 계통별로 분류를 잘해 놓는다.	
11. 원리에 대해 설명을 해주면 이해가 빠르다.	
12. 스무고개 놀이, 수수께끼를 좋아한다.	
13. 직접 과학 실험을 하고 결과를 유추하는 것을 좋아한다.	
14. 시간이나 날짜 개념이 정확하다.	
15. 부분을 보고 전체를 예상하는 퍼즐게임을 잘한다.	
인간친화 지능	
1. 놀이터에 나가면 친구를 금세 사귄다.	
2. 처음 만난 어른들에게도 인사를 잘한다.	
3. 혼자서 노는 것보다 여럿이 함께 노는 것을 좋아한다.	
4. 사람 많은 곳에 가서 함께 있으려고 한다.	
5. 동생을 잘 챙긴다.	
6. 인기가 많아 학급 회장이나 임원으로 자주 뽑힌다.	
7. 친구나 형제가 울면 같이 슬퍼한다.	
8. 아픈 친구들을 잘 도와준다.	
9. 할아버지 할머니의 짐을 잘 들어드린다.	
10. 친구들이 싸우면 나서서 중재하려고 한다.	
11. 엄마아빠의 기분 변화에 민감하여 상황에 잘 대처한다.	
12. 팀을 만들어 하는 놀이를 좋아한다.	
13. 또래 친구나 동생들을 집에 잘 데려와서 논다.	

14. 친구들이 모르는 것을 물어보면 친절하게 잘 가르쳐준다.	
15. 친한 친구를 이야기하라고 하면 너무 많다고 대답한다.	
자기이해 지능	
1. 자신의 성격이 어떤지 말로 표현할 수 있다.	
2. 일기를 꼼꼼하게 쓴다.	
3. 자신이 스스로 정했거나 하고 싶은 일은 지키려고 애쓴다.	
4. 여럿보다 혼자 하는 일을 더 편안해한다.	
5. 존경하거나 닮고 싶은 사람이 있다.	
6. 사람들 앞에서 당당하고 자신감에 넘친다.	
7. 자기소개를 재미있게 잘 한다.	
8. 장래 희망에 대해 구체적이고 진지하게 접근한다.	
9. 친구들의 의견을 자신의 의견에 맞춰 조율해 나간다.	
10. 좋고 나쁜 것에 대한 자신의 감정을 잘 파악하고 있다.	
11. 엄마가 시키니 않아도 숙제를 스스로 한다.	
12. 동화책을 볼 때 주인공에게 자신을 대입해보는 일이 많다.	
13. '나라면~'하고 자신이 행동했을 때를 자주 상상해본다.	
14. 친구들과 싸웠을 때 무엇이 잘못됐는지 차근차근 설명한다.	
15. 자신이 못한 것보다 잘한 것을 더 강조한다.	
공간지능	
1. 가베나 블록놀이를 할 때 입체물을 잘 만든다.	
2. 사람의 얼굴이나 생김새의 특징을 잘 기억하는 편이다.	
3. 찰흙이나 밀가루 반죽 등으로 입체물을 잘 만든다.	
4. 그림으로 설명해주면 더 잘 알아듣는다.	
5. 한번 간 길은 잘 잊지 않는다.	

6. 마을이나 동네 그림을 그릴 때 건물들을 세세히 표현한다.	
7. 미술관이나 박물관 나들이를 좋아한다.	
8. 나이에 비해 퍼즐 맞추기를 잘한다.	
9. 물을 따를 때 눈대중으로 양을 잘 맞춘다.	
10. 그림을 그릴 때 가르쳐 주지 않아도 원근법을 사용한다.	
11. 엄마의 휴대폰이나 카메라로 사진 찍기를 좋아한다.	
12. 방에 자기만의 공간을 꾸며놓는 것을 좋아한다.	
13. 동서남북 방위에 관심이 많고 정확하게 안다.	
14. 미술시간에도 입체적으로 구미는 활동을 더 좋아한다.	
15. 옷 입는 센스가 다른 아이들에 비해 좋다.	
음악지능	
1. 다양한 악기 소리를 잘 구분해낸다.	
2. 춤을 출 때 반주되는 곡의 리듬을 잘 탄다.	
3. 노래를 잘 부르며, 음감이 뛰어나다.	
4. 혼자서 놀 때에도 곧잘 흥얼거린다.	
5. 기분 좋으면 즉흥적으로 노래를 만들어 부른다.	
6. 어릴 때는 박자에 맞춰 두드리는 것을 잘한다.	
7. 슬프다, 기쁘다 등 음악의 분위기를 읽어 낼 수 있다.	
8. 평소 노래나 연주곡 등 음악 틀어 놓는 것을 좋아한다.	
9. 노래나 악기에 소질이 있어 곧 잘 상을 탄다.	
10. 노래를 듣다가 음이 틀린 것을 잘 찾아낸다.	
11. 한두 번 들어도 노래를 잘 따라 부른다.	
12. 어린이 음악회나 뮤지컬을 보러 가서 집중한다.	
13. 마이크를 잡고 노래 부르는 것을 좋아한다.	

14. 악기를 직접 다루는 것을 좋아한다.	
15. 특별히 좋아하는 음악 장르가 따로 있다.	
신체운동 지능	
1. 다른 아이들보다 일찍 걷고 달렸다.	
2. 운동이나 춤추는 것을 좋아한다.	
3. 다른 아이들에 비해 몸이 유연하다는 소리를 많이 듣는다.	
4. 가수나 개그맨의 몸동작을 잘 따라한다.	
5. 가위질이나 종이접기를 좋아한다.	
6. 어떤 사물이든 직접 조작해보면서 확실히 이해한다.	
7. 야외에서 노는 것을 더 좋아한다.	
8. 종종 산만하다는 이야기를 듣는다.	
9. 태권도 학원이나 무용 학원에 가는 것을 좋아한다.	
10. 한쪽 발을 들고 잘 서 있거나, 평균대에서 균형을 잘 잡는다.	
11. 하루 종일 뛰어 놀아도 잘 지치지 않는다.	
12. 블록이나 조립장난감 맞추는 것을 좋아한다.	
13. 말을 할 때 손짓 발짓과 함께 표현하는 편이다.	
14. 다른 아이에 비해 자전거나 인라인 스케이트를 빨리 배운다.	
15. 엄마나 아빠랑 격하게 노는 것을 좋아한다.	
자연친화 지능	
1. 야외에 나가면 동물이나 식물에 관심이 많다.	
2. 엄마에게 나무나 꽃 이름을 많이 물어본다.	
3. 동물이나 식물 그림책을 즐겨 읽는다.	
4. 자연관찰 도감을 유난히 좋아한다.	
5. 집에서도 작은 식물 화분을 기르는 것을 좋아하고 잘 키운다.	

6. 인공적인 식물원보다는 직접 산, 바다, 강에 가는 것을 좋아한다.	
7. 바람소리, 물소리, 새소리 등 자연의 소리를 좋아한다.	
8. 텔레비전 프로그램도 자연이나 우주 다큐멘터리를 잘 본다.	
9. 강아지를 무서워하지 않고 좋아한다.	
10. 환경보호에 대해 가르쳐주면 잘 따라한다.	
11. 별자리를 찾아보고 천문대에 가는 것을 좋아한다.	
12. 감수성이 풍부하고 약한 동물에 대해 동정심이 많다.	
13. 생명이 소중하다는 것을 안다.	
14. 식물이나 꽃 등을 말려서 잘 보관한다.	
15. 그림을 그릴 때도 귀여운 동물이나 예쁜 꽃을 잘 그린다.	

(정지은 외 3인, 2010)

3. 도덕성

권위에 복종해야 할 순간은 어린이들에게 더 자주 나타난다. 부모님의 말씀, 선생님 말씀을 잘 들어야 한다는 말에 익숙한 만 6, 7세의 유아에게 선생님의 부탁은 권위라는 무게로 다가오게 마련이다. 예를 들면, 유치원 선생님이 아이를 따로 불러 한 가지 부탁을 한다. “이것 우리가 소풍가서 찍은 사진이예요. 세상에 한 장밖에 없거든. 선생님이 OO이를 사랑하니까 보여주는 건데, 이것 좀 찢어 줄래요?” <EBS 아이의 사생활이란 프로그램 속 실험의 예>선생님의 부탁을 받은 아이들은 놀라거나 당황하게 마련이다. 아이들은 세상에서 한 장밖에 없는 소중한 사진을 찢고 싶지 않다는 마음과 선생님의 부탁을 거스르면 안 된다는 마음, 선생님의 말씀을 듣지 않으면 혼이 날지도 모른다는 불안감 속에서 갈등한다. 결국 아이들 대다수는 선생님의 눈치를 보며 조심스럽게 사진을 찢는다. 이처럼 도덕성은 권위와 만났을 때 위협받게 된다. 그 존재가 나보다 더 높은 사람이거나 나를 보호하고 있는 관계라면 신념이나 의지는 꺾이기 쉽다. 특히 유아기에는 부모, 즉 주 양육자의 도덕적 기준이 아이에게 고스란히 전해진다. 아이가 한 일에 대해 엄마, 아빠가 혼을 냈다면 그것은 도덕적으로 나쁜 것으로 주입된다. 반면 엄마, 아빠가 칭찬을 했다면 그것은 착한 행동으로 기억된다. 어른들의 말씀을 잘 듣는 것은 아이에게 대표적인 착한 행동이다. 아직까지 자신에게 지시한 것이 좋은 일인가, 나쁜 일인가에 대해서는 판단할 능력이 없다(정지은 외 3인, 2010).

얼마 전 미국의 인기 드라마인 NCIS12의 한 장면이 생각난다. 10대 초반의 학생들을 부추겨서 테러리스트로 만드는 범죄자를 추격하는 내용이었다. 아주 강한 비트의 음악 속에 은밀한 명령을 모르스 부호로 바꿔 심어놓고 아이들을 조정했다. 무심히 음악을 듣는 것처럼 보였으나 사실은 계속 자신의 사명에 대해 세뇌당하고 있었던 것이다. 그래서 자신을 사랑으로 양육해준 양부모의 살해를 조장하고 자신이 첩자가 되어 NCIS의 깁스 반장의 연민을 조정했다. 자살폭탄 테러도 서슴없이 자행하는 미국 아이들의 모습이 그려졌다. 도덕성이 아직 완성되지 않은 아이들에게 은밀한 제안과 비밀스런 그들의 규칙과 맹세는 오히려 맹목적인 복종을 가져오고 살인에 둔감하게 하는 모습을 보면서 상당히 우려스러웠다. 처음 시작은 인터넷 채팅으로. 멘토를 자처하는 것으로 시작되었다. 지금 우리 아이들에게 진정한 멘토는 있는가? 도덕성은 저절로 완성되는 것이 아니다.

아이들이 자라면서 도덕성도 자란다. 도덕성을 지키기 위해서는 의지와 용기가 필요하다. 올바른 도덕적 가치관을 지키기 위해서는 유혹을 물리쳐야 하며, 때로는 불의에 맞서 과감히 권위와 싸워야 한다. 하지만 안타깝

게도 도덕성에 대한 의지와 용기는 단번에 생기는 것이 아니다. 어린 시절부터 꾸준히 연습하고 훈련하고 다듬어져야 한다(정지은 외 3인, 2010).

(1) 아이 눈에 비친 부모의 도덕성

아이에게 도덕성을 길러줘야 한다는데 반론을 제기할 부모는 없다. 실제로 부모들은 아이의 도덕성을 위해 지속적으로 훈육해왔다. "길거리에 쓰레기 함부로 버리지 마, 친구를 때리면 나쁜 아이야, 차례차례 순서를 지켜야지, 남의 것을 함부로 가져오면 안 돼, 어른들께 인사 잘 해야지, 파란불이 켜지면 건너는 거야..." 아이가 말귀를 알아듣는 순간부터 엄마는 이런 잔소리를 달고 살았다. 이른 사회 구성원으로서 당연히 지켜야 할 도덕성, 사회성 같은 인성의 중요한 덕목을 가르쳐주려는 것이었다. 문제는 부모가 얼마나 도덕적이며, 그 도덕적 잣대를 공평하게 사용하는 가다.

어느 추운 겨울날씨에 횡단보도에 아이 손을 잡고 신호등이 바뀌기를 기다리다가 지나가는 차가 없음을 알고 아이 손을 잡고 빨간 불에도 횡단보도를 건너버린다면 교통신호를 잘 지미라고 누누이 말해왔던 엄마가 자신이 가르쳐 왔던 것을 스스로 무너뜨리는 행동을 한다면, 아이는 그 상황을 쉽게 잊지 않는다. 아이는 앞으로 엄마가 정한 규칙을 신뢰하지 않을 것이고 엄마의 잘못된 행동을 모방할지도 모른다. 엄마는 도덕성에 관한 신뢰와 권위를 조금씩 잃게 된다.

대형마트에서 장난감을 사달라고 조르는 아이가 바닥에 급기야 드러누워 떼를 부리는 장면을 보게 된다면 제 3자인 우리는 아이를 왜 저렇게 키울까? 다른 사람 불편하게 시리. 나 같으면 저렇게 하지 않을 텐데. 그런데 이런 제 3자인 엄마들 중 몇몇은 어제 자신의 아이가 식당에서 돌아다니고 소리치며 장난을 해서 다른 사람의 식사를 방해했다는 사실은 까맣게 잊고 있다.

똑같은 잘못에 대해 내 아이와 남의 아이를 다른 잣대로 구분하는 것은 편파적이다. 공정하지 못한 도덕적 잣대를 들이대는 것은 엄마들이 자주 저지르는 실수 중 하나다. 내 아이의 기를 살리겠다며 무조건적인 방임을 허락하는 엄마 역시 아이에게 적절한 통제가 필요한 순간에 권위를 잃게 된다(정지은 외 3인, 2010).

4. 불행한 시소놀이

모든 관계는 상대적이다. 어릴 적 놀이터에서 타고 놀았던 시소와 같다. 서로 노력하고 리듬을 맞추어야 재미있게 놀 수 있다. 한번 발을 구르면 다음 번에는 상대가 발을 굴러야 한다. 다리에 힘을 줘야 하는 노력이 필요하다. 상대의 존재감, 조화, 노력과 함께 균형이 중요하다. 균형이 없다면 기울어진 시소는 꿈쩍도 할 수 없다. 잘못된 시소놀이인 것이다.
가족관계도 마찬가지이다. 잘못된 가족관계를 바로 잡기는 어렵다. 많은 경우, 꿈쩍도 하지 않는다. 불행을 주는 시소를 떠나는 것은 행복을 찾기 위해 꼭 필요한 과정이다(김진세, 2009).
관계를 재구성하는 포인트
　첫째, 따라하기
　둘째, 표현하기
　셋째, 마음을 열기(오픈마인드)
내 아이가 정말 이상한가요

모든 발달이론에서 강조되듯이 유아는 여러 성인과의 특히 부모와의 상호작용 속에서 정서의 다양함을 배우고 생존과 관련된 표현도 익힌다. 부모가 반응하는 방식대로 유아는 반응한다. 유아는 긍정적으로 느끼면 긍정적으로 반응하고 부정적으로 느끼면 부정적으로 반응한다. 즉 아이의 감정은 부모가 보여주는 반응을 통해 아이는 상대방에게 어떤 반응을 보여줄지를 배우게 된다. 부모는 아이의 감정에 대해서는 관대하되, 행동에 대해서는 엄격하게 가르쳐 주도록 해야 한다.

불행한 시소를 떠나기 위해 실제적으로 가족관계에 대한 치료 및 상담 방법으로는 가족치료, 가족상담 등이 있다. 우리나라에 가족치료가 처음 소개된 시기는 1970년대 후반부터 1980년대 초반이다. 가족치료가 정착된 시기는 1990년대 중반부터 2000년까지이다. 가족치료 관련법과 제도는 다음과 같다. 가족상담서비스 제공과 서비스제공자에 관한 법적 근거는 [건강가정기본법(법률7413호)]에서 찾아볼 수 있다. 거기에는 건강가정에 관한 정책, 사업, 전담조직과 함께 건강가정사의 직무(대통령령) 및 자격(시행규칙)에 대한 규정이 명시되어 있다(정문자 외 3인, 2007).

현재 아동치료나 가족치료 시에 가장 범하기 쉽고 또 저지르기 쉬운 큰 실수 중 하나는 어떤 경우에도 아동을 포함하는 가족 전체가 참여하는 모임들을 충분히 활용하지 못한다는 것이다. 아동치료자는 성인들이 없는 자리에서 아동들과 상담을 하고 가족치료자는 종종 아동들, 특히 어린 유아들을 빼놓고 상담을 한다. 이들을 제외시키는 중요한 이유는 양쪽편이 참여하는 합동모임을 진행하는데 필요한 기법들을 개발하려는 노력이 거의 없었기 때문이다(성영혜, 1997).

두 번째 오류는 많은 임상전문가들이 아직 가족상담을 독립된 치료적 개입방법이라고 보기보다는 임상적인 문제에 접근해가는 부수적인 방법으로 생각하는 경향이 있다(김유숙, 2006). 정신병리와 관련된 연구들에서 개인 및 가족의 적응이나 역기능으로 가는 경로는 다양함이 밝혀졌다. 어떤 개인이나 가족은 특별한 문제를 가지고 출발하지만 오랜 시간이 지남에 따라 문제의 특성이 변화하기도 하고 어떤 경우에는 특별한 문제없이 건강하게 시작하고 건강을 유지하기도 하고 반대로 장애로 발전되기도 한다. 하지만 어떤 개인이나 가족은 위험원이나 디스트레스에서 출발하고 그 경로를 유지하기도 하고 아니면 잘 기능하게 되는 경우도 있고 문제가 더 심해지기도 하고 좋아지기도 하는 등의 악순환을 반복하기도 한다. 이런 다양한 정신병리로의 발달경로는 개인에 대한 임상적 접근만으로는 설명이 어렵고 또한 예방도 쉽지 않다는 것을 제시해준다(오승아, 2003). 이제 개인의 문제는 개인상담만으로는 어려울 수 있으므로 가족상담이라는 독립된 치료적 접근이 대두되는 이유이기도 하다.

일반적으로 가족에게 역기능이 존재하거나 또는 그러한 역기능이 주된 호소문제와 관련이 있다고 판단될 때 가족상담을 하도록 권한다(Barker, 1986, 재인용). 그런데 이러한 기준은 지나치게 포괄적이어서 애매하다. 따라서 우리는 먼저 무엇이 역기능인가를 살펴야 하는데 아직 상담자간의 합의된 기능적 표준이 없는 실정이다. 어떤 가족은 지나치게 제각각이어서 심각한 문제가 있다고 예상되나, 임상적인 관점에서 문제가 없는 경우가 있으며 그와는 달리 우리에게는 지극히 정상적인 가족처럼 보이지만 실제로는 심각한 문제를 가진 가족 구성원을 포함한 경우도 있다.

경험이 적은 상담자에게는 가족의 역기능을 판단하기란 결코 쉬운 일이 아니므로 가족상담의 보다 구체적인 지표가 필요하다. 가족상담을 적용하기 위한 지표는 다음과 같다(Walrond-Skinner, 1978).

첫째, 문제의 원인이 역기능적인 가족관계와 관련되어 있다고 판단될 경우이다.

둘째, 도움을 구하는 사람의 호소가 특정 가족 개인의 문제보다도 가족간의 관계 변화에 있다고 판단될 경우이다. 부부관계, 부모자녀 관계, 형제간의 갈등을 호소하는 것이 그 예가 될 것이다.

셋째, 가족이 서로 분리되는 것에서 어려움을 겪는 경우이다. 아동과 청소년이 관련된 많은 문제 행동의 이면에는 분리에 대한 갈등이 내재된 경우가 많은데 그러한 경우에는 가족상담의 개입이 상당한 효과를 거둘 수 있다(김유숙, 2006).

아울러 건강한 가족의 특징은 가족상담의 개입이 필요한 가족을 구분하는데 또한 도움이 될 것이다. Curran(1985)은 건강한 가족의 15가지 특징을 목록화하였다. 그에 따르면, 가족의 구성원들은

1) 경청하고 의사소통한다.
2) 서로를 지지하고 확신한다.
3) 타인을 존중하는 것을 서로에게 가르친다.
4) 다른 사람을 신뢰한다.
5) 유머감각을 가지고 놀이를 한다.
6) 공유된 책임감을 보인다.
7) 옳고 그름을 서로에게 가르친다.
8) 전통과 공유된 의식이 중요하다는 강한 가족감을 가진다.
9) 서로간의 상호작용에서 균형감을 가진다.
10) 종교적 또는 영적 핵을 공유한다.
11) 서로의 사생활을 존중한다.
12) 타인을 위한 서비스를 높이 평가한다.
13) 함께 나누고 대화하기 위해 함께 식사시간을 가진다.
14) 여가활동을 공유한다.
15) 서로로부터 그리고 가족 외의 자원으로부터 도움을 구하고 어려움을 인식하고 인정한다(김춘경, 2007).

위에서 언급된 내용들을 종합해 보면 가족상담은 아동을 가족의 관계 속에서 그리고 그 가족을 지역사회의 관계 속에서 보면서 아동문제의 원인이 될 수 있는 역기능적 가족체제를 치료하는 상담접근 방법이다. 가족상담은 가족을 유기적인 관계를 지닌 한 단위로 이해하고 취급하여 정신병, 신경증, 심신증, 비행과 같은 문제 행동을 내담자 개인이 지닌 증상이나 문제로서 치료하는 것이 아니라 가족 전체의 인간관계에 대한 왜곡의 표시로 봄으로써 가족 내의 교류패턴에 직접, 간접으로 개입하여 가족체계의 문제점으로 개선시키기 위한 심리적 원조이다(송정아, 최규련, 1997).

가족상담의 정의에서 강조된 두 가지 개념은 가족관계와 가족체계이다. 사실 아동상담자가 가족치료 이론을 통해 갖추어야 할 기본 개념은 아동문제를 진단할 때 아동과 가족과의 관계와 가족체계론적 입장에서 아동의 문제를 볼 줄 아는 시각이다(김춘경, 2007).

가족상담의 목적은 가족 전체가 각자의 역할과 기능을 제대로 수행하도록 함으로써 각 가족 구성원과 가족 전체가 성장하도록 도와주는 것이다. 이를 위해 상담자는 아동들을 위해 안정하고 격려해주는 환경을 제공하는 행복하고 지지적인 가족이 될 수 있도록 도와줌으로써 가족들의 대인적 상호관계와 가족 구성원들의 행동과 태도를 향상시켜 준다. 가족상담의 구체적인 목적을 정리해 보면 다음과 같다.

첫째, 감정과 생각을 자유롭게 표현하도록 하며 원하는 변화를 설명하도록 한다.

둘째, 의사소통 능력을 향상시키며 다른 가족 구성원들의 문제행동 원인을 좀 더 이해하도록 한다.

셋째, 자기 자신과 견해가 다르고, 애매모호하고 혼돈된 다른 가족 구성원들의 욕구를 인정하고 존중하며 수용할 수 있는 개인 능력을 향상시킨다.

넷째, 가족 내에서 가족 구성원들의 역할과 기능을 수행하도록 한다.
다섯째, 가족규칙을 명백히 한다(김춘경, 2007).

Huber(1994)는 부부, 가족치료를 실시하기 위해 가족치료 전문가가 갖추어야할 필수적인 조건을 다음과 같이 지적하였다.

- 가족치료 전문가는 다양한 이론적 모델을 알아야 하며 특히 체계적 사고와 포스트 모던사고를 접해야 한다.
- 가족치료 전문가는 관계기술과 의사소통 기술을 익혀야 한다.
- 가족치료 전문가는 내담자 가족의 문제에 효과적인 개입을 하기 위해 바탕이 되는 개인적 자각이 필수적이다.
- 가족치료 전문가는 자기 자각에서 더 나아가 가족을 둘러싸고 있는 성과, 권력, 문화적 쟁점에 민감해야 한다.
- 치료자는 전문가로서의 전문적, 윤리적 이슈를 잘 숙지하고 있어야 한다(정문자 외 3인, 2007).

다음은 아이들의 말문을 닫게 하는 부모의 잘못된 모습이다.

1) 아이의 감정에 둔감한 부모
2) 잔소리를 참기 어려워하는 부모
3) 평소 말로 표현을 잘 못하는 부모
4) 자기 말을 어기는 것을 못 견뎌하는 부모
5) 자식에게 하소연을 일삼는 부모

이런 부모들은 모두 아이들에게 대화 능력을 키워줄 수 없는 부모유형이다. 소통의 처음은 의사소통이기 때문이다. 가족치료 전문가들도 가족문제에서 가장 중요한 부분은 가족 간의 원활한 소통임에 동의한다.

5. 존 가트맨식 감정코치법

다음은 존 가트맨의 저서인 감정코치법을 정창우(2009)가 번역한 역저를 요약한 내용이다.

(1) 나의 자녀교육 스타일 확인하기

감정에 대한 여러분의 느낌은 무엇인가?

여러분은 아이의 감정을 어떻게 다루는가?

성인들은 감정에 대한 그들 자신의 태도와 일치하는 방식으로 아이들의 감정에 반응한다. 가족과 감정에 대한 연구에서 존 가트맨 박사는 네 가지 자녀교육 스타일을 제시하였다. 대부분의 부모와 양육자들은 주로 한 가지 스타일로 행동하는 경향이 있다.

(2) 네 가지 자녀교육 스타일

① 부정적 감정을 무시하는 스타일

- 부정적 감정 무시하기－"너는 슬퍼할 필요가 없어. 그렇게 나쁠 것 없어. 웃어. 불행할 이유가 없어". 그 순간 아이는 느낀다. 자신이 격한 감정을 느낄 때 흔히 무시되었다고 느낀다. 슬픔과 분노 같은 감정들이 '부정적인 것'이고 빨리 고쳐야 할 필요가 있는 것이라고 믿도록 배운다. 아이는 자신의 감정을 다루는 법을 배우지 못하며 동요되었을 때, 자신의 감정으로 어려움을 겪는다. 부정적 감정과 같은 것은 없다. 중요한건 우리의 감정을 어떻게 다루는가 하는 것이다(정창우, 2009).
- 그냥 넘어가 버려－한 아이가 "할머니 댁에 못 가서 슬퍼요"라고 말할 때 흔히 어른들은 "슬퍼하지 마. 몇 주 있으면 할머니를 만나게 될 거니까. 공원에 가서 놀자꾸나"라고 말한다. 어른들은 아이가 슬퍼하거나 분노하면 언짢게 느낀다. 그들은 부정적인 감정들

은 해롭거나 불필요한 것이라고 그래서 피해야 할 것들이라고 믿는다. 그 결과 그들은 그런 감정들을 무시하고 아이들의 기분을 "고치려고"애쓰거나 아이들에게서 그런 감정들을 떼어 놓으려고 할 수도 있다.

- 아이의 존재를 축소시키거나 거부할 우려가 있다.
- 아이에게 감정은 신뢰할만한 것이 아니라고 암시하게 된다.
- 슬픔을 경험하는 것은 중요하지 않거나 일어나서는 안 되는 일이라고 암시하게 된다.
- 감정을 무시하는 행동양식을 보여주게 되는데 이것을 아이가 배우고 모방하게 된다.
- 아이가 슬프거나 화가 났을 때 부모에게 그 문제를 꺼내지 못하도록 만든다.

② 억압하는 스타일

- 부정적 감정은 처벌을 받는다－그렇게 느끼는 건 그만 둬. 너는 슬퍼할 이유가 없어. 그리고 아무도 징징거리는 아이를 원하지 않아. 너 계속 그러면 혼날 줄 알아. 그 순간 아이는 자신이 화가 나거나 슬플 때 자기가 뭔가 잘못되었다고 느낀다. 그 아이는 심지어 자신이 잘못한 것이 없을 때조차도 슬픔과 분노 같은 감정들을 내보이는 것으로 인해 비난받거나 벌을 받는다. 그리하여 그 아이는 자신의 격한 감정을 다루는 법을 배우지 못하며 우정관계를 형성하는데 어려움을 겪는다.
- 너는 그럼 기분을 느껴선 안 돼－영희가 화가 나서 울려는 참이다. 영희의 엄마는 아이가 그저 관심을 끌려는 거라고 생각하고 영희

의 분노를 인정하지 않고 아이가 스스로 감정을 바꾸기를 원한다. "그러지마! 영희야." 영희는 울기 시작한다. "당장 그쳐. 그치라고 했잖아!"하지만 영희는 더 크게 운다. "이제 그만하면 됐어, 영희야. 우는 소리가 더 들리면 너 혼날 줄 알아!" 영희는 당연히 더 크게 운다. 영희의 엄마는 분노, 공포, 슬픔과 같은 딸의 부정적 감정을 인정하지 않는다. 인정하지 않는 부모, 양육자, 그리고 교사들은 이런 감정들을 받아들일 수 없는 그리고 억누를 수 있는 것으로 여기고 아이들의 감정을 이해하는 대신 그들이 그런 것을 느끼는 데 대해 훈육하거나 벌을 준다. 여기서 문제는 감정이 단순히 맘대로 생겼다 없어졌다 할 수 없다는 것이다. 아이들로 하여금 감정을 없애도록 애쓰는 것은 해로운 일이 될 수도 있다.

다음은 부정적 감정을 억압하는 부모에 의해 양육된 아이들이 보이는 특성이다.

- 스스로의 판단을 신뢰하는데 더 많은 어려움을 겪는다.
- 그들 자신에게 뭔가 문제가 있다는 감정을 키울 수 있다.
- 자존감의 결핍을 겪을 가능성이 더 높다.
- 자신의 감정을 조절하는 것에 그리고 자신의 문제를 해결하는 것에 곤란을 겪는다.
- 다른 아이들에 비해 집중하는 것, 학습하는 것 그리고 또래 아이들과 잘 어울려 지내는 것에 더 많은 어려움을 느낀다.

감정을 억압하는 스타일은 아이들이 자신의 감정을 다루는 것을 별로 도와주지 못한다(정창우, 2009).

③ 자유방임 스타일

- 길잡이가 없는 감정－한 부모가 다음과 같이 말한다. “바로 그거야. 그냥 그 감정을 발산해. 네가 할 필요가 있는 것을 해. 나는 괜찮아. 네가 하고 싶은 건 뭐든 괜찮아”.
- 그 순간 아이는 다음과 같이 느낀다. 그 아이는 자신의 감정을 표현함에 있어서 편안함을 느끼고 자기가 행복한지, 화가 났는지, 혹은 슬픈지 하는 감정을 드러내는 것이 받아들여진다는 것을 알고 있다. 하지만 아이의 행동에는 아무 제한이 없고 감정을 다루는 방법에 대한 안내가 거의 없다. 아이는 자신의 감정은 괜찮은 것이라고 배우지만 적절한 방법으로 감정을 처리하는 것을 배우지 못한다.
- “뭐든지 괜찮아”－이것은 어떤 부모, 양육자, 교사들에게 있어서 전적인 요인과 아이들의 감정에 대한 불간섭을 말한다. 그들은 감정을 표현하는 것이 긍정적인 일이며, 아이의 행동과 관계없이 아이는 사랑받으리라는 것을 아이가 알기 원한다. 이런 접근법은 여러 면에서 유익하지만 건강한 정서발달을 돕는데 충분하지 않다. 아이들이 그들의 감정을 표현하도록 북돋워 주는 것은 퍼즐의 일부분일 뿐이며, 감정을 이해하도록 도울 필요도 있는 것이다. 정서발달을 돕는 것에는 행동에 선을 그어주는 것도 포함된다.

자유방임 스타일의 한계

- 화가 나거나, 슬프거나, 혼란에 빠졌을 때 마음을 가라앉힐 능력이 부족한 경우가 많다.
- 집중하거나 새로운 기술을 배우는데 더 어려움을 느낀다.
- 사회성이 부족해 친구를 사귀거나 교우관계를 유지하는데 더 힘들 수 있다.

④ 감정을 코치하는 스타일

- 공감과 지도－한 부모가 다음과 같이 말한다. “네가 어떤 기분인지 말해봐. 나도 그렇게 느꼈어. 네가 화났을 때 다른 사람을 때리면 안 돼. 네가 이런 기분이 들 때 할 수 있는 다른 일들을 같이 생각해 보자.” 그 순간 아이는 다음처럼 느낀다. 그 아이는 자신의 감정이 모두 받아들여질 때, 자기가 존중받았다고 느끼고 위로받았다고 느낀다. 그와 동시에 격한 감정이 들 때, 자신의 행동에 제한이 있음을 배우게 된다. 아이는 혼란스럽거나 화가 날 때 공감을 얻게 되고, 자신의 감정을 다루는 방법을 학습하는데 있어 중요한 지침을 얻게 된다. 아이는 감정을 표현하는데 편안함을 느끼고 자신이 감정을 신뢰하고 해결하는 것을 배운다.
- “난 네가 어떤 기분인지 알아”－철수는 5세인데 여동생이 철수가 가장 좋아하는 책에다 낙서를 하고 심지어 찢기까지 해서 몹시 화가 났다. 철수는 엉엉 울면서 발을 구르면서 방안으로 들어 왔다. 아버지는 아들의 거친 감정상태를 처리해야 하는 어려운 과제에 직면하게 되었다. 철수의 아버지는 “이리와, 철수야!”. “아빠, 영희가 내 책을 망쳐 놓았어요!”. “네가 화난 거 알아 동생한테 화가 났지. 이제 네 동생이 우는구나.” “그래요 나도 알아요. 내가 영희에게 소리 질렀어요.” “ 철수야 네가 화난 건 알아. 영희가 내 책을 찢었다면 나도 화가 날거야 그런데 그게 어쩌면 일부러 그런게 아닐 수도 있다고 생각하지 않니?” “네, 어쩌면요.” “내 여동생이 그러니까 네 고모가 언젠가 내게 뭔가 나쁜 짓을 했을 때 생각이 나는구나. 나는 정말 화가 나서 그 애가 한 짓에 대해 복수하고 싶었지.” “네. 난 영희의 엘사 인형을 변기에 집어넣어버릴 수도 있어요.”

> "영희의 엘사 인형을 변기에 집어넣는 건 제일 좋은 방법은 아닌 것 같구나. 더 좋은 해결책이 필요해. 그것 말고 다른 할 수 있는 일이 없을까?" "그 책을 고칠까요?" 여기서 아버지는 철수 스스로 자신의 감정뿐만 아니라 영희의 감정을 이해하는 것도 도왔다.

(3) 감정을 코치하는 다섯 단계

감정을 코치하는 것은 아이들의 행동을 지도하면서 그들의 감정을 소중히 여기는 양육방법이다. 많은 부모들과 양육자들에게 있어서 이 접근법은 쉽지 않으며 모든 상황에서 감정을 코치하는 방법을 쓰는 사람은 없다. 감정을 코치하는 일에는 노력과 인내가 필요하고 분명히 그만한 가치가 있다. 이런 접근법은 건강한 감정 발달을 촉진하여 아이는 행복한 시간에 매우 기뻐하며, 좋지 않은 기분으로부터 보다 빨리 회복할 수 있게 된다. 튼튼한 감정의 성장은 또한 더 나은 관계로 이어지며 행동상의 문제를 줄여주고 학업 성적을 좋게 해준다.

① 아이의 감정을 인식하기－아이의 감정상태를 알아차려라

아이가 어떤 감정을 느끼고 있는지 알아차리는 것이 그 아이가 감정에 대해 배우도로 도와주는 첫 번째 단계이다. 아이의 눈으로 세상을 보려고 노력하는 것이며, 그 감정이 어떤 것인지 알아내려고 노력하는 것이다. 말을 할 수 있는 아이라면 아이가 감정에 대해 말할 수 있는 언어를 발달시키도록 돕는 것은 그 과정의 중요한 한 부분이다. 말을 못하는 아이라면 아이의 바디 랭귀지에 주의를 기울이며 아이의 관점에서 세상을 보려고 노력함으로써 아이의 감정에 대해 알 수 있다.

- 아이들이 화가 나 있거나 슬프거나, 두려워하거나, 기뻐할 때 그들이 어떻게 행동하는지 알아둠으로써 아이들의 상이한 감정상태를 인식한다.
- 아이가 어떤 감정으로 힘들어 할 때 아이의 관점에서 세상을 본다.
- 아이를 불안하게, 무섭게, 즐겁게 또는 자랑스럽게 만드는 것이 무엇인지 실마리를 찾을 수 있도록 놀이시간 동안 아이에게 귀 기울인다.
- 적절할 때 여러분의 감정을 그들과 공유한다.
- 아이들은 여러분이 자신의 감정을 어떻게 다루는지 지켜봄으로써 감정에 대해 배운다는 것을 기억해야 한다.

② 친밀감 조성과 교육기회로 활용하기－그 순간을 친밀감 조성과 교육의 기회로 삼아라

감정에 대해 가르치기 가장 좋은 때는 그 감정을 경험하는 동안 즉, 그런 느낌들이 실제적인 것일 때이다.

- 아이의 감정에 세심한 주의를 기울이고, 그것을 그냥 무시하거나 피하지 않는다.
- 감정적인 순간들을 아이에게 더 가깝게 다가가는 기회로 본다.
- 감정을 함께 나누려고 노력하며, 아이가 자신의 감정에 대해 말하며, 아이가 느끼는 바를 나누도록 격려한다.
- 적절할 때, 당신의 감정을 아이들과 공유한다.
- 아이로 하여금 그의 감정은 괜찮다는 것을 알려주고 그리고 나서 감정을 정리하는데 길잡이 역할을 해준다.

③ 공감하며 경청하기－공감을 가지고 귀 기울여라

공감을 가지고 듣는 것과 아이의 감정을 지지해주는 것은 아이가 감정을 성공적으로 다루는 방법을 배우도록 돕기 위해 어른들이 할 수 있는 가장 중요한 단계 중 두 가지이다. 아이가 힘들어 할 때 위안을 해주는 것은 아이로 하여금 그가 느끼는 감정은 문제가 없고 그런 기분을 갖는 것을 자기만이 아니라는 것을 알게 해주는 것이다. 아이가 자기의 감정을 이해하도록 돕는 가장 좋은 방법은 그의 느낌을 간단한 문장을 사용하여 말로 표현하도록 돕는 것이다.

- 아이 자신이 느끼는 것을 함께 나누도록 격려한다.
- 감정을 어리석은 것이나 중요하지 않은 것으로 취급하여 무시해버리지 않는다.
- 여러분이 주의를 기울이고 진지하게 받아들이고 있다는 것을 아이가 충분히 알 수 있도록 한다.
- 여러분이 아이가 느끼는 것을 이해하고 있음을 보여줄 수 있는 방법을 찾는다. 아이가 느끼는 감정을 성급하게 판단하거나 비난하지 않는다.

④ 자기감정을 표현하도록 돕기－아이가 자기감정을 표현하도록 도와라

아이들은 그들이 느끼는 감정들, 즉 그것이 질투, 정신적 충격, 공포, 혹은 걱정이든, 아니든, 그런 감정들을 표현할 말을 항상 알고 있지는 못한다. 선행 연구들에서는 아이들이 그들의 감정에 이름을 붙일 때 그들이 그것들을 더 잘 처리할 수 있다는 것을 보여준다.

- 감정을 함께 식별하는 것을 일찌감치 시작한다－아이가 말을 할 수 있기 전에라도.
- 아이들에게 어떻게 느껴야 하는지 말하지 말고 아이들이 느끼는 감정을 식별하려고 노력한다.
- 당신 자신의 감정에 이름을 붙이고 그것들에 대해 이야기함으로써 좋은 본보기가 된다－아이들은 어른들이 하는 것을 보고 모방함으로써 배운다.
- 이 책 뒷부분에 있는 감정용어 목록을 출발점으로 이용한다.

⑤ 좋은 해결책 찾기－행동에 한계를 정해주고 좋은 해결책을 찾아라

부모들, 양육자들, 그리고 교사들에게 있어서 어려운 문제는 아이들의 감정을 받아들이고 중요하게 여기는 동시에 부적절한 행동에 제한을 두는 것이다. 제한을 두는 것은 어느 문제 해결 전략에 있어서나 첫 번째 단계가 된다. 어른이 아이가 해서는 안 될 일을 일단 명확히 해두면 그 다음 단계는 아이로 하여금 자기의 문제에 대한 효과적인 해결책을 생각해내도록 돕는 것이다.

-아이의 연습

- 목표 세우기－너는 어떻게 하고 싶니?
- 이런 목표들에 도달하기 위한 아이디어 생각하기－그 문제를 해결하는데 도움이 될 아이디어를 얼마나 생각해낼 수 있니?
- 아이로 하여금 마음에 드는 해결책을 고르게 돕기－어떤 아이디어가 가장 효과가 있을 것 같니?

부모－교사의 훈련

- 잘못된 행동을 하는 아이를 혼낼 대는 그가 느끼는 감정에 대해서가 아니라, 그의 행동에 대해서 꾸짖는다.
- 아이가 잘못된 행동을 할 때에는 아이로 하여금 자기의 감정을 이해할 수 있게 도와주고, 그 감정에 이름을 붙이고, 왜 그런 행동이 나빴는지 설명함으로써 가르쳐 주는 시간이 되게 한다.
- 아이들에게 어떤 문제가 있을 때에는 그들에게 어떤 일이 일어나길 바라는지 생각하는 것, 이에 대해서는 몇 가지 아이디어를 생각해내도록 돕는 것, 그리고 마침내 하나의 해결책을 고르도록 돕는 것부터 시작한다.

참고문헌

고은, 권주석, 김우리, 이태수, 조홍중, 최혜승(2015). 특수교육의 이해. 고양 : 공동체.

공주대학교 특수교육연구소(2014). 특수아동교육의 이해. 파주 : 양서원.

국립특수교육원(2011). 특수교육백서. 국립특수교육원.

권영민, 김미정, 노혜숙, 엄윤주, 조염미, 조혜수, 한찬숙(역)(2006).

김경숙, 백유순, 최민숙(역)(2008). 자연적 환경에서의 장애유아교육방법. 서울 : 학지사.

김동연, 공마리아, 최외선(편저)(2006). HTP와 KHTP 심리진단법. 대구 : 도서출판 동아문화사.

김미숙, 김향지(2014). 교사를 위한 특수아동의 이해와 교육. 서울 : 창지사.

김영한, 김정현, 김하경, 박선희, 박정식, 엄태식, 연미희, 임채식, 조재규, 한석실, 홍정숙(2012). 특수아동의 이해. 서울 : 태영출판사.

김영한, 김정현, 김하경, 박선희, 박정식, 엄태식, 이미순, 임채식, 조재규, 홍정숙(2015). 신특수교육개론. 서울 : 태영출판사.

김원경, 신진숙, 박현옥, 김용욱, 김미숙, 윤광보, 김경화, 김정현, 강창욱, 박정식, 김정연, 곽승철, 한홍석, 박미혜, 변찬석, 홍종관(2014). 최신특수교육학개론. 파주 : 양서원.

김유숙(2006). 가족상담. 서울 : 학지사.

김익균(2013). 장애아지도론. 파주 : 정민사.

김정미, 박희숙, 강인구(2015). 정신건강론. 고양 : 공동체.

김종현, 윤치연, 이성현, 이은림(2015). 특수아동의 이해. 고양 : 공동체.

김진세(2009). 나를 위한 달콤한 위로 심리학 초콜릿. 서울 : 웅진씽크빅.

김춘경(2007). 아동상담; 이론과 실제. 서울 : 학지사.

김희경, 김옥숙, 이숙희(2011). 정시건강론. 파주 : 정민사.

민병배, 오현숙, 이주영(2007). 기질 및 성격검사 매뉴얼(Temperament and Character Inventory－Family Manual－TCI). 서울 : 마음사랑.

민병배, 오현숙, 이주영(2007). 아동용 기질 및 성격검사(Junior Temperament and Character Inventory7－11(JTCI 7－11). 서울 : 마음사랑.

박화문, 박재국, 김윤혜, 김영한, 김영경, 박미화, 이정순(2001). 장애유아의 교육과 지도. 서울 : 창지사.

백경임(2007). 부모가 시작하는 내 아이 성교육. 샘터(샘터사) http://www.isamtoh.com

서현아, 조용태, 박명화, 김경숙, 강미라, 하지민(2015). 유아특수교육. 파주 : 양서원.

성영혜(1997). 놀이치료 핸드북. 상조사.

송영혜(2001). 놀이치료의 원리. 대구대학교 출판부.

신민섭외 (2009). 그림을 통한 아동의 진단과 이해; HTP와 KFD를 중심으로. 서울 : 학지사.

신희선, 김정미(2006). K－CDR; 0－5세 영유아발달 선별검사 지침서. 서울 : 도서출판 특수교육.

신희선, 김정미(2006). K－CDR; 0－5세 영유아발달 선별검사. 서울 : 도서출판 특수교육.

안동현, 김세실(1997). 서울 : 하나의학사.

여성가족부(2013). 2013년 우리아이 지키기 10계명포스터(학부모용). 여성가족부.

유미숙(1997). 놀이치료의 이론과 실제. 상조사.

윤선오, 김우호, 서보준(2013). 특수교육학 개론 및 지도. 파주 : 양서원.

이경숙, 신의진, 박영숙, 장은진, 정은정, 정석진(편역)(2014). 영유아정신건강 및 발달장애. 파주 : 양서원.

이민규(2004). 현대생활의 적응과 정신건강. 파주 : 교육과학사.

이소현(2003). 유아특수교육. 서울 : 학지사.

이소현, 박은혜(2011). 특수아동교육. 서울 : 학지사.

이순민(2014). 정신건강론. 서울 : 학지사.

임혁, 채인숙(2015). 정신건강의 이해. 고양 : 공동체.

잔트만아동청소년상담센터(2016). http:///sandmann.co.kr.

전경원, 권미은, 최미점(2014). 영화를 통해 엿보는 특수아동의 이해. 파주 : 정민사.

정대영(2013). 특수교육학. 서울 : 창지사.

정문자, 정혜정, 이선혜, 전영주(2007). 가족치료의 이해. 서울 : 학지사.

조수철, 신민섭(2006). 소아정신병리의 진단과 평가. 서울 : 학지사.

존가트맨(저), 정창우(역)(2009). 존가트맨식 감정코치법. 고양 : 도서출판 인간사랑.

최명희(2015). 아이와 통하고 싶다. 고양 : 공동체.

한국법교육센터(2014). 재미있는 법이야기. 가나출판사 http://www.anigana.co.kr/

황성원, 김경희, 오승아, 조현주, 권정임(2010). 아동심리와 상담. 서울 : 창지사.

EBS<아이의 사생활>제작팀, 정지은, 김민태, 오정요, 원윤선(2010). 아이의 사생활. 서울 : 지식채널.

찾아보기

저 자 약 력

오 승 아

- 현재 경동대학교 유아교육과 부교수
- 성균관대학교 졸업(학사)
- 성균관대학교 대학원 졸업(석사, 박사)
- 아동청소년상담전문가, 부모상담전문가
- 전) 을지대학교 전임강사
- 전) 잔트만아동청소년상담센터장
- 전) 성균관대학교, 광운대학교, 경기대학교 등 다수 대학교에서 강의
- 전) 평화방송(라디오) 언제나 좋은 하루 고정 패널
- 오마이뉴스, 현대모터 매거진, 동아일보, SBS 시사전망대, SBS 모닝 와이드 등 다수 매체들에 출연 및 기고

특수유아의 이해

•

초판 인쇄－2015년 12월 20일
초판 발행－2015년 12월 30일

•

저　자－오승아

•

발행인－김 의 용
발행처－교육아카데미

•

주소－서울시 성북구 석관동 77－37
전화－(02) 3142-9924(代), (02) 967－9947
팩스－(02) 967－9948
E－mail：educa9937@naver.com
등록－1996년 9월 6일. No.2－2243

•

정가 17,000원